高校学前教育专业教学与人才培养模式探索与实践

段向琼 著

北京工业大学出版社

图书在版编目（CIP）数据

高校学前教育专业教学与人才培养模式探索与实践 /
段向琼著 . — 北京 ：北京工业大学出版社，2020.4（2021.9 重印）
ISBN 978-7-5639-7416-0

Ⅰ．①高… Ⅱ．①段… Ⅲ．①学前教育－教学研究－
高等学校②学前教育－人才培养－研究－高等学校 Ⅳ．
① G61

中国版本图书馆 CIP 数据核字（2020）第 076735 号

高校学前教育专业教学与人才培养模式探索与实践

GAOXIAO XUEQIAN JIAOYU ZHUANYE JIAOXUE YU RENCAI PEIYANG MOSHI TANSUO YU SHIJIAN

著　　者：段向琼
责任编辑：任军锋
封面设计：点墨轩阁
出版发行：北京工业大学出版社
　　　　　（北京市朝阳区平乐园 100 号　邮编：100124）
　　　　　010-67391722（传真）　　bgdcbs@sina.com
经销单位：全国各地新华书店
承印单位：三河市嵩川印刷有限公司
开　　本：710 毫米 ×1000 毫米　1/16
印　　张：10.5
字　　数：205 千字
版　　次：2020 年 4 月第 1 版
印　　次：2021 年 9 月第 2 次印刷
标准书号：ISBN 978-7-5639-7416-0
定　　价：54.00 元

前　言

　　近年来，由于学前教育专业逐渐发展成为一个热门专业，部分高校纷纷开设学前教育专业，来适应当前社会发展的要求。然而，相对于其他的成熟专业而言，学前教育教师职业专业化程度仍然处于一个较低水平，学前教育专业的教学更是如此。基于此，越来越多的教师加入了学前教育专业的教学现状和教学效果的实践研究之中，希望在清楚了解该专业教学问题的基础上，进一步探讨相应的解决方案。

　　本书共分六章。第一章为学前教育概述，第二章对学前教育目标和任务进行了论述，第三章阐述了幼儿全面发展教育，第四章对学前教育课程进行了多维度的探究，第五章为高校学前教育专业模拟教学研究，第六章论述了高校学前教育专业人才培养。

　　本书有两大特点值得一提。

　　第一，本书结构严谨，逻辑性强，以高校学前教育专业教学与人才培养模式为主线进行了探索。

　　第二，本书将理论与实践紧密结合起来，为高校学前教育专业教学工作提供了借鉴。

　　笔者在撰写本书的过程中，借鉴了许多其他学者的研究成果，在此表示衷心的感谢。由于高校学前教育专业教学与人才培养模式探索与实践涉及范畴比较广，需要探索的层面比较深，加之时间有限，笔者在撰写的过程中难免会存在一些不足之处，对一些相关问题的研究不透彻，恳请广大读者批评指正。

目　录

第一章　学前教育概述

第一节　教育与学前教育的概念界定

一、什么是教育

教育是指教育者对受教育者传授知识经验、训练技能技巧、培养能力及良好习惯、塑造人格的一种社会活动。首先，教育是人类文化得以传承的主要途径，它贯穿于人类发展的整个历程。其次，教育是新生一代成长和人类社会延续的必要手段。人类世世代代地繁衍生息，新一代人的成长和发展离不开教育。再次，教育是人类的一种基本活动。最后，教育的形式具有多样性。我们在生活中可以发现，教育涵盖的范围是极其广的。家长养育孩子属于教育，教师在学校教学生也属于教育，广播电视向社会宣传也可被称为教育，等等。为了区分这些教育的含义，学者就把教育分为广义的教育和狭义的教育两种。

（一）广义的教育

从广义上来说，凡是能发展人们的体力与智力、增长人们的知识技能、影响人们思想品德的活动，无论它是有组织的还是无组织的，有计划的还是偶然的，自觉的还是自发的，来自社会、家庭还是来自学校的，都属于教育的范畴。教育的任务就是把原本作为自然人而降生的孩子培养成合格的社会成员，使其成为社会人。这里的教育包括家庭教育、社会教育和学校教育，范围很广，并且教育的方法和手段也是呈现出多样化。

（二）狭义的教育

与广义的教育相对的就是狭义的教育。狭义的教育指的是教育者根据社会的要求，有目的、有计划、有组织地向受教育者传授知识技能、培养思想品德、发展体力和智力的一种活动。具体地说，受教育者主要在专门设置的教育机构中接受教育，如托儿所、幼儿园、小学学校、中学学校和大学校园以及其他人们为了某种目的而特别组织的教育机构。在专门的教育机构中，有专职的教师，他们根据社会的要求，对受教育者进行有目的、有计划、有组织的系统的教育和培养，使受教育者在思想品德、知识技能、智力和身体方面向预期的方向发展，成为社会所需要的人。可以说，学校教育是一种专门的和规范的教育，一般有较高的教育效率和更好的效果；而家庭教育和社会教育，对人的影响则较零散，其结果也具有偶然性和不确定性。由于学校教育具有独特的结构和功能，因而在近现代成为人类社会教育活动的核心部分，对其他各种教育起着示范和主导作用。

教育要服务于一定的社会政治和经济，具有一定的目的。社会制度不同，教育目的也会随之发生变化。比如，中国古代为培养统治阶层的官吏和行政人员而设置的各种私塾、书院、太学等，就是要培养能服务于统治阶级的、有一定文化知识的人。教育和社会各方面的发展之间是相互影响的关系。教育的发展离不开社会政治、经济、文化条件，而且会反过来影响社会各方面的发展。目前，我国教育要为社会主义现代化建设、为国家发展培养人才，而我国的社会主义建设和国家的发展又必须依靠教育培养人才。社会不断地发展变化，教育工作就需要随之不断地进行调整、变革。这样才能跟上时代的步伐，适应并促进社会的发展。

二、什么是学前教育

要明确什么是学前教育，我们必须先要明确人的年龄特点和年龄划分。人一生按年龄可分为若干阶段，在不同的年龄阶段有不同特征、不同的发展需要。因此，为了促进适合不同年龄阶段的人的发展，教育就必须分阶段进行。

（一）广义的学前教育

学前教育也有广义和狭义之分，从广义上说，凡是能够影响和促进儿童身体成长和认知、情感、意志、性格和行为等方面发展的活动，如儿童在成人的指导下看电视、做家务、参加社会活动，等等，都可说是教育。

（二）狭义的学前教育

狭义的学前教育则是指学前教育工作者整合儿童周围的资源，对 0～6 岁的儿童施以有目的、有计划有组织的系统的影响的一种活动。学前教育可以细分为早期教育（0～3岁）和学前教育（3～6岁）。两者既相互联系，又各具特点。早期教育主要由教育工作者指导家长在家庭中实施。而学前教育是在幼儿园中实施的。幼儿园教育在我国属于学校教育系统，和学校教育一样，是在学前机构中进行的。幼儿园教育也具有家庭教育和社会教育所没有的优点，如目的性、组织性、计划性和系统性等。国家颁布的《幼儿园工作规程》明确指出："幼儿园是对3周岁以上学龄前幼儿实施保育和教育的机构。幼儿园教育是基础教育的重要组成部分，是学校教育制度的基础阶段。"

第二节　学前教育及我国学前教育制度的产生和发展

一、学前教育的产生

世界上第一个幼儿园是由德国著名的被誉为"幼儿园之父"的学前教育家福禄贝尔于1837年创办的，专门招收3～7岁的儿童。

二、学前教育的发展

（一）我国学前教育的发展

1. 我国第一所学前教育机构的诞生

我国创办的第一所学前教育机构是湖北巡抚端方于1903年在湖北武昌创办的湖北幼稚园。当时，他聘请了户野美知慧等3名日本保姆负责经办，由户野美知慧任园长，并拟定了《湖北幼稚园开办章程》，首开了中国儿童公共教育的历史先河。湖北幼稚园规定招收5～6岁的儿童，学制一年。收托时间为每日3小时。科目设有行仪、训话、幼稚园语、日语、手技、唱歌、游戏。1904年元月，湖北幼稚园更名为武昌蒙养院。

1907年，福建公立幼稚园、上海公立幼稚园相继成立。1911年，湖北省女子师范学校也创办了附属蒙养院。随后，北京、湖南、江苏等地的蒙养院也相继诞生。

2. 民国时期学前教育的发展状况

民国时期，在中国共产党领导下的农村革命根据地、抗日民主根据地和解放区里，出现了一批适应战争环境和当地政治经济特点的各种类型的托幼组织，如边区儿童保育院和托儿所等，其宗旨是为革命战争服务、为生产建设服务、为广大工农群众服务。

在国民政府统治区内也出现了一批学前教育家，如陶行知、陈鹤琴、张宗麟、张雪门等，他们批判封建主义的儿童教育，反对儿童教育的奴化和贵族化，积极提倡变革并躬行实践，创办了为平民子女服务的幼儿园。例如，陶行知先生创办的"乡村儿童团"、熊希龄先生创办的"北平香山慈幼院"等就是这样的机构。

3. 新中国成立后学前教育的发展状况

1949 年 10 月 1 日，中华人民共和国成立。国家从帝国主义手里彻底收回了教育权，在学前教育上也以老解放区教育经验为基础，借鉴苏联经验，进行了整顿、改造和发展。在办园方向上，幼儿园逐渐向工农子女开放，为国家建设服务，让普通劳动人民的子女成为幼儿园的受教育者。幼儿园在教育儿童的同时，极大地解放了妇女劳动力，成为支援国家建设、为工农服务不可缺少的一支力量。从此，保育教育儿童、方便家长参加社会主义建设成为我国幼儿园的双重任务。在教育思想上，我国幼儿园着力改革旧的教育思想、内容和方法，批判旧教育中存在的封建、买办、崇洋的思想，废除了宗教色彩的内容与活动，学习当时苏联先进的儿童教育理论和经验，为建立新教育体系打下了基础。在教育目标上，我国提出幼儿园要遵循党的教育方针，对儿童进行初步的德、智、体、美全面发展教育，使他们的身心"在入小学前获得健全的发育"。在这一目标指导下，幼儿园重新制定了具体的教养目标、各年龄段的教育任务等。

1978 年，中共十一届三中全会召开，标志着我国社会主义建设进入了崭新的历史阶段。随着改革开放不断深入，学前教育的发展出现了重大变化，改革了计划经济下的单一办园模式，路子越走越宽，入园儿童数量大大增加。其发展趋势：由国家、企业、机关办园，转向各种社会力量办园；农村儿童入园率不断提高，1992 年的统计数据表明，农村学前班儿童人数已占儿童入园人数的60.7%；灵活多样的非正规儿童教育形式的作用日益增大。例如，近几年在河北、内蒙古、甘肃、贵州等省区出现的儿童活动站、游戏小组、巡回辅导班、草原流动幼儿园、"大篷车"流动服务组等，在动员家庭、社区、传播媒介参与儿童教育上，显示出越来越强的生命力。

（二）国外学前教育的发展

进入 20 世纪以后，随着现代社会生产力的飞速发展，特别是科学技术的发展，人类文明被推向了一个高峰。与此同时，随着全球一体化进程的加快，世界性的竞争也在不断加剧。各国为了培养精英，普遍重视学前教育。学前教育的社会价值和教育价值开始为全社会所公认，从而使学前教育得到了前所未有的发展。纵观其他各国的学前教育发展历史，我们可以看出，学前教育的发展具有以下几个方面的特征。

1. 学前教育规模不断扩大

生产力的发展促使现代物质文明的高度发展。社会有能力创办更多的学前教育机构。幼儿园数量增长很快。特别是在第二次世界大战之后，随着生产力的发展，科学技术被广泛地运用到生产中。这改变了社会对劳动力素质的要求。一方面，发达国家普遍重视学前教育，如法国、德国、日本、英国、美国等发达国家的幼儿园普及很快，且儿童入园率都在90%以上；另一方面，由于其他各国经济水平、教育政策、文化传统、生活习惯等不同，儿童入园率差别较大，幼儿园发展速度、规模、教育质量也各不相同。

2. 学前教育机构越来越多样化

在社会飞速发展的过程中，为满足普及学前教育的需要，为满足家长的各种需求，学前教育机构越来越多样化。私人、国家、团体、企业、教会等开办了各种托幼机构。这些托幼机构在结构、规模、教育目的、教育方法、教育内容等方面各不相同，各有特色，相互竞争，促进了学前教育向着形式多样化、功能多样化、组织多样化、教育多样化的方向发展。例如，除了全日制、半日制的机构之外，还有许多入托时间灵活机动的学前教育机构，如美国的"假日儿童中心""蹦蹦跳跳室"，英国的"游戏小组"，俄国的"露天幼儿园"等都是这种适应性很强的机构。这些托幼机构的开办目的也五花八门，有实验性的、示范性的、家教性的，等等。各派学前教育理论百花齐放，有不同教育主张的学前教育机构如福禄贝尔式、蒙台梭利式、皮亚杰式的幼儿园等纷纷出现。

3. 师资质量和教育质量不断提高

师资质量和教育质量的提高是学前教育发展的重要标志。由于教师水平的提高是教育质量提高的重要前提条件，因此，师资质量就成为教育质量的重要标志。20世纪中叶，经济发展快的国家如法国、德国、日本、英国、美国等，都将学前教育师资学历提高到了大专以上水平，并实行专门的教师资格、聘任、考核、进修及福利制度。这些国家越来越重视学前教育师资的专业化发展。同时，随着先进的教育思想的广泛传播，教师及时树立起正确的教育价值观、儿童观。尊重儿童、保障儿童权利、让儿童全面发展已经成为世界儿童教育工作者的共识。这一切使学前教育质量的提高有了根本的保障。

4. 学前教育的手段不断现代化

随着社会的高速发展，学前教育教师在教育教学过程中运用了大量的现代化教育手段。社会经济的发展为学前教育教师运用先进的教育手段提供了坚实的物质基础；科学技术的发展为学前教育教师运用先进的教育手段提供了技术上的可能性。尤其是网络的普及促进了学前教育手段的发展。现代化的学前教育手段为学前儿童提供了丰富多样的刺激，符合他们的年龄特征和认知特点，有利于儿童的身心发展。

三、我国学前教育制度的发展

（一）我国近代学前教育制度的产生

随着我国近代教育制度的产生，我国学前教育制度也产生了。蒙养院成为最初的学前教育机构，它是与新的学校体系同时产生的。

（二）我国学前教育制度的发展

1932 年 10 月，民国教育部公布了《幼稚园课程标准》，并于 1936 年 7 月对其进行了进一步的修订。它的颁布标志着我国学前教育开始向制度化和现代教育转化。

新中国成立后，我国颁布了一系列有关学前教育的法律法规。《幼儿园管理条例》（简称《条例》）是自新中国成立以来，经国务院批准颁发的第一个学前教育法规。该条例用法规的形式规定了幼儿园的任务、管理以及保育教育工作，并明确了各级地方政府在幼儿园的发展、管理等方面的责任，使我国学前教育管理从此跨入了法制化轨道。2001 年 7 月，教育部颁发的《幼儿园教育指导纲要（试行）》，就《幼儿园工作规程（试行）》中有关"幼儿园的教育"这一部分内容做出了更为具体的规定，在《幼儿园工作规程（试行）》与教育实践之间架起了桥梁。这些法规的颁布与实施，进一步推动了我国学前教育科学化、规范化的进程。

第三节　学前教育的基本要素

学前教育的基本要素主要包括学前儿童、教师、教育内容以及教育环境。学前儿童在教育活动中具有学习的义务和责任，是接受教育的人。学前儿童在教育过程中是学习的主体。教师与学前儿童在教育过程中发生着十分复杂的互动关系。凡是对受教育者施加教育影响的人以及对教育活动承担教育责任的人都属于教育者。教育者在教育过程中处于领导、控制及执教的地位，是教育活动的主导者。教育内容是指教育者为实现教育目标，选择纳入教育活动过程的知识、技能、行为规范、价值观念、世界观等文化总体。学前教育环境是指学前教育的物质资源，如场所、设备、器材、教具、学具材料等。以上教育的四要素是教育活动必不可少的，这些要素在教育过程中又是相互作用、相互影响的。

一、学前儿童

学前儿童是构成学前教育的核心要素，指在各种学前教育活动中从事游戏和活动的主体，也是构成交流活动的基本要素。

（一）学前儿童是独立的人

1. 学前儿童是自身权利的主体

学前儿童虽然年龄小，但他们和成人一样都是社会的公民，具有独立的社会地位，依法享受各项社会权利，应该得到全社会的关爱和保护。如今，世界各国都非常重视保护儿童权利。为了将保护儿童的权利落到实处，1959 年，第 14 届联合国大会通过了历史上第一个关于保护儿童权利的国际性公约——《儿童权利宣言》。1989 年，第 44 届联合国大会进一步通过了《儿童权利公约》（简称《公约》），《公约》指出：18 岁以下的任何人，不仅仅是被保护的对象，而且是积极和创造性的权利主体，拥有包括生存，发展，充分参与社会、文化、教育生活以及他们个人成长与福利所必需的其他活动的权利。联合国儿童权利委员会原副主席汉姆柏格对此曾这样解释：过去人们关心儿童的基点是使脆弱的儿童免受伤害，人们还没有普遍认识到儿童有自己的能力、观点和想法，应该像所有的人一样受到尊重。为此，汉姆柏格又提出了四个原则：儿童最佳利益原则、尊重儿童尊严的原则、尊重儿童的观点和意见的原则、无歧视原则。

我国作为《公约》的缔约国之一，在履行《公约》的同时，在相关法规中也对儿童的权利及其保护做出了明确规定。例如：《中华人民共和国宪法》第 49 条规定，父母有抚养未成年子女的义务；《中华人民共和国义务教育法》第 4 条规定，国家、社会、学校和家庭依法保障适龄儿童、少年接受义务教育的权利。根据《儿童权利公约》和《中华人民共和国未成年人保护法》，我国儿童应享有受教育权、生命权、身体权、健康权、身体自由权和内心自由权、肖像权、名誉权、隐私权、财产受到管理和保护权、独立财产权、生活获得照顾权、民事活动代理权、休息娱乐权、获得良好的校园环境权、拒绝乱收费的权利、拒绝不合理劳动权等。校内外每个儿童都是独立的生命实体，具有独立的人格，儿童与成人在人格上是平等的，教育应该是儿童与成人之间的对话。我们必须把儿童看作是具有独立价值的生命存在，学会尊重儿童。

2. 学前儿童是自身学习的主体

学前儿童的发展，除了受客观因素，如遗传、环境和教育等因素影响外，还取决于其自身的能动性。这是决定学前儿童发展方向与发展水平的又一个不可忽视的因素。人既是认识的主体，又是实践的主体，具有主观能动性。学前儿童的主观能动性包括儿童的独立性、积极性、自主性和创造性。学前儿童的发展，自始至终都是一种主体的自我调节活动。在教育过程中，学前儿童不是被动的加工对象，而是学习和发展的主体。任何教育影响必须经过学前儿童主体的主动吸收、转化才能生效。学前儿童的主体性是可以培养的。因此，教师不能把自己的意愿强加给儿童，他们只能创设激发学前儿童兴趣的活动情景，尊重学前儿童的认知规律，引导学前儿童主动发展。使学前儿童主体性得到发展，进行主体性教育，已成为当代教育的一个主旋律。在学前教育实践中，教师应该尊重学前儿童的感受，尊重学前儿童的选择，鼓励学前儿童进行创造。

学前儿童在发展过程中，不是消极被动地接受外部环境的影响，而是积极主动的学习者，他们对环境的刺激有较强的选择性，并表现出作为独立的生命体所具有的能动性。因此，同样的环境对于不同的学前儿童可以产生不同的影响。不同的学前儿童在同样的环境中表现出巨大的个体差异性，发展水平也存在着很大的差异。另外，从学前儿童的心理发展来看，学前儿童认识外界是学前儿童内部的主动活动的过程。

（二）学前儿童的个体差异性和独特性

1. 个体差异性

每个学前儿童都是一个独立的、完整的个体，他们在各个方面存在着差异。这些差异体现在以下几个方面。首先，在先天的遗传素质方面，每个学前儿童是有差异的；其次，每个学前儿童在生活环境方面有其差异性；再次，每个学前儿童的家庭的教养方式也是有差异的。以上三个方面的基本差异，可导致学前儿童在性格、气质、优势智力、生活习惯等多方面存在差异。因此，教师应当充分认识学前儿童的个体差异，尊重学前儿童的个体差异。这样才能做到因材施教，保证每一个儿童充分发展。

2. 独特性

学前儿童是正在发展中的独特的人。成人在教育学前儿童时必须结合学前儿童的年龄特点，不能把他们看成微缩的成人。学前儿童身心发展具有自己的特殊规律。成人必须尊重这个规律，并及时把这个规律作为教育的契机，抓住学前儿童身心、社会性发展的关键期。任何教育如果违背学前儿童身心发展规律，对儿童来说都是不道德的，也亵渎了教育本身。成人与学前儿童处于两个不同的发展层面、具有不同的发展特点、存在着不同的发展潜力。因此，成人必须了解学前儿童的发展、理解学前儿童发展规律、善待学前儿童，从而更好地教育学前儿童。学前儿童身心发展观具有时代特征。社会在发展，人类在进步，学前儿童身心发展总会被打上时代烙印，表现出时代特征。但无论如何，我们必须把学前儿童视为有自身特点的独特个体。

（三）学前儿童是整体发展的个体

1. 发展性

学前学前儿童是具有巨大发展潜力的个体，他们的身心发展蕴藏着极大的可能性。学前儿童的发展，是指学前儿童在成长的过程中，身体、心理及社会性方面有规律地进行量变与质变的过程。其中，身体的发展，是指学前儿童机体的正常生长和发育；心理的发展，是指学前儿童的认识过程、情感、意志和个性的发展；社会性的发展，是指学前儿童逐渐被社会化，由一个生物的个体向社会的个体不断转化。

学前儿童身心各方面的发展是相互影响、相互制约的。对学前儿童来说，其身体、心理及社会性的发展是密切相关的。学前儿童年龄越小，其身体、心理和社会性发展之间的相互影响也就越大。学前儿童的发展受到诸多因素的影响，具体来说：有先天的和后天的因素；有生物的和社会的因素；有生理的和心理的因素；有物质的和精神的因素。这些因素都会对学前儿童的发展产生不同的影响。

2. 整体性

学前儿童是完整的个体，是有自己思想、情感、个性的完整的人。从心理学的角度来说，学前儿童在认知、情感、意志及个性方面都需要得到全面发展。从社会学的角度来说，儿童具有独立完整的社会地位，他一出生下来就是社会的成员，享有社会赋予他的各种权利。随着年龄的增长，学前儿童也要承担一定义务。因此，学前儿童是完整的社会人。从发展的角度来说，儿童应当在体、智、德、美、劳各方面得到充分的发展，任何一方面都不能偏废。

二、学前教师

教育是伴随人类诞生而出现的社会现象，教育是与人类共始终的社会实践活动，但在原始社会还没有专门的学校教育和教师职业。在人类进入奴隶社会后，文字和学校就出现了，脑力劳动和体力劳动分工逐渐分离。在奴隶社会初期，掌管文化的主要是国家官吏和巫师，他们从事专门的文化整理、研究和教学工作，也在政府担任一定的官职。在封建社会，随着学校结构越来越复杂和规模越来越大，教师职业开始向专门化方向发展。

随着知识经济的到来，高技术产业将成为经济部门的主导产业，传统产业也将高技术化。科技创新是发展高技术产业的基础。培养高素质的、有创新能力的科学技术专家，就成为知识经济发展的关键。这就要求必须大力发展教育和提高教师素质。在知识经济时代，科学技术加速发展，知识更新不断加快。因此，人类将进入学习型社会，成人教育、继续教育将不断发展。这就必将造成教师素质和教学水平的进一步提高。

学前教育教师职业与其他教师职业一样，是培养人、造就合格社会成员的职业。随着社会现代化的进程不断加快，很多大众传播媒介如广播、录音、电视、录像、电脑等进入了学前教育领域，成为教师教学的工具，引导了传统教育的革新，大大提高了教育效果，但是至多只是对幼儿教育工具的补充。学前儿童的成长离不开教师主体的直接影响。教师本人的作用是学前儿童成长不可缺少的阳光。教师的言传身教所起的感化、陶冶作用是任何先进的教学仪器都替代不了的。先进的大众传播媒介只能为教师的教育教学提供服务，它永远不能替代教师。而且，随着教育科学的不断发展，教师的专业化程度将越来越高。

学前教育教师遵循着国家的教育目的，以最适合于学前儿童的方式，促进他们身体、认知、情感和社会性等方面和谐发展，对于社会的人才培养起着重大的奠基作用，是"太阳底下最崇高的职业"。随着《中华人民共和国教育法》《中华人民共和国教师法》等相继出台，随着人们对学前教育在社会发展中的作用的认识水平不断提高，教师越来越受到社会的尊重。

（一）学前教师的职业劳动特点

1. 劳动的全面性和综合性

首先，学前教师劳动的全面性和综合性，是由学前教育任务和教育过程的全面性和综合性决定的。学前教育任务是为儿童德、智、体、美等全面发展奠定初步基础。教育任务的实现过程是一个复杂的过程。学前教师要在有限的时间里通过多种因素的协同作用，完成一项综合性任务，就必须考虑到每一个方面的因素。其次，是由儿童的成长因素所决定的。儿童的成长因素有多个，包括遗传、环境、教育与人的自觉能动性因素。哪一个因素受到忽视，都可能给儿童成长带来损失。再次，教师劳动的全面性和综合性是由儿童的年龄特点所决定的。儿童生长发育是迅速的，但身体各器官及机能发育不完善，对外界的适应能力和对疾病的抵抗力较差，易受损伤，易感染疾病。这就促使学前教师要在做好教育教学工作的同时，做好管理和卫生保健工作，让学前儿童学得好，玩、吃、睡得好，使其身心得到全面的发展。

2. 劳动的创造性

首先，学前教师劳动的创造性是由学前儿童的年龄特点和个体差异导致的。学前儿童处于发展得最迅速的时期，但又难以接受文字学习。学前教育领域没有相应的教材，其教育方案均由教师根据学前儿童发展的现实情况和当地情况来设计和实施。所以，学前教师需要有创造性。同时，学前儿童有不同的个性特点，每个学前儿童都有自己成长的环境。在学前儿童发展过程中，无论是在表现方式上、发展速度上，还是在发展的结构方面都体现出儿童的差异性。所以，学前教师在实施教育教学的过程中，必须因人而异，制订适合每个学前儿童的教育方案，根据学前儿童的思想状况、发展水平及变化不断进行调整，以有效的教育内容、方法和形式，因材施教，使学前儿童在各自的基础上得到最大限度的发展。

其次，学前教师的劳动要有创造性是时代的要求。现代科技发展迅猛，知识更新十分迅速。教师在引导学前儿童掌握基础知识和技能的同时，应当将最新的现代知识纳入教学内容中，使学前儿童对学到的知识有新鲜感、时代感。这也需要教师的创造性。另外，现代社会提倡创新教育。所以，教师要培养儿童的创新意识和创新能力。教师要设计创造性的活动，以培养儿童的创造品格和创造思维能力。因而教师劳动的创造性是一个突出的职业特点。就以知识的传授来说，教师不是把发现和概括出来的知识简单地传授给学前儿童，而是必须对知识进行加工，使知识容易被儿童理解和接受。

再次，儿童的发展变化性决定了学前教师劳动的创造性。教师面临的教育对象是经常变化的，每个儿童都有自己成长的条件，都有不同的个性特征。更重要的是，他们的身心及社会性处在快速的发展过程中，具有极大的可塑性。这样，教师所面临的教育现场就是复杂的，需要进行创造性劳动。

最后，学前教师应培养学前儿童的创造性。这更要求教师设计创造性的活动，以培养儿童的创造品格和创造性思维能力。

3. 劳动的示范性

首先，学前教师劳动的示范性是由教育内容、方法和手段的主体化及其与教育结果的一致性决定的。教育过程是教师通过实施教育影响培养人的过程。学前教师首先通过自己的理解把教育内容中的知识、技能、世界观和思想感情转化为自己的东西，并在了解儿童知识水平和心理状况的基础上进行加工，并借助一定的教学手段、通过自己言传身教使儿童掌握教育内容。儿童获得的知识、技能、能力、世界观和思想感情等，也都被包含在教师主体及其活动中。所以，与其说教师利用教育活动、教学方法和教学手段教学前儿童，不如说教师用自己的知识、技能、能力、世界观和思想感情去影响儿童，用自己的人格去感染学前儿童。其次，教师劳动的示范性也是由人的认识过程和心理过程的特点决定的。人对知识的掌握和心理的发展都是以感性活动为基础的，具体的现实事物最容易在人的心理中引起反应。学前教师以自己的语言、形象、活动和激情表现知识内涵，能帮助儿童达到对知识内涵的把握，并留下深刻印象。最后，学前教师劳动的示范性由学前儿童心理特征决定的。学前儿童天生爱模仿，且易受暗示，他们都把教师看作知识的化身、高尚人格的代表，是天然的模仿对象。教师的思想行为、求知精神、科学态度、思维方式都对儿童起着示范作用。学前教师的劳动同其他任何劳动一样，要利用和通过一定的工具或手段来得以实施。但是，教师在工作中对劳动对象施加影响的工具或手段，不同于一般的劳动机器或农具，主要是教师本人的教育思想、学识和品行。教师的一举一动无时无刻不在向儿童进行示范。而且，儿童会毫不怀疑地接受教师的言行的影响。我们可以从儿童的身上看到教师的某些个性品质。可以说，教师劳动的效果取决于其自身的发展水平，教师只有不断学习，提高修养，完善自我，才能成为儿童的表率。正如俄罗斯的教育家乌申斯基所说："只有人格才能影响人格的发展和形成，只有性格才能影响性格。"

4. 劳动的长期性

教师劳动的长期性的一个重要表现，就是劳动的效果需要很长时间才能得到检验。因为教育效果最终要在学生参加独立的社会实践后才能得到检验。这种劳动社会效果的长期性，既表现为后效性，又表现为长效性，即教育效果在学生的一生中都将发挥作用。

相对而言，在物质生产中，劳动产品的形成标志着劳动过程的结束，而教师的劳动则完全不同。教育的产品是人，培养人是一个长期的过程。正如中国古代思想家管仲所说："一年之计，莫如树谷；十年之计，莫如树木；终身之计，莫如树人。"一个人能够成才，需要学前、小学、中学、大学等各个教育阶段的教育者共同的集体劳动。而学前教师从事的是人才培养的奠基工作。教师对儿童的影响是极其深远的，甚至会影响儿童的一生。教师劳动的长期性，要求教师有长远战略的眼光。今天的儿童是明天的希望，是祖国现代化建设各条战线上的主力军。因此，一个学前教师所应关心的不仅是孩子当前的发展，而且是他们的未来、他们的一生，并要为此而付出自己全部的心血和精力。

（二）学前教师的职业角色特点

1. 学前教师是儿童活动的支持者、引导者和组织者

首先，在学前教育活动中，教师是一个支持者。教师应以游戏伙伴的身份参与儿童进行的活动中，成为活动的支持者。这样才能保证儿童顺利地按照自己的意愿去发展。其次，教师是一个引导者，既要满足儿童的探索需求，又要在不断整合、增长儿童经验的过程中，有效地引导儿童的发展，积极发挥教师的主导作用。再次，教师是一个组织者。当儿童在幼儿园中遇到困难需要帮助时，教师应组织儿童共同探讨，使更多的儿童共同参与进来和思考，帮助儿童解决困难，让儿童在教师组织的各种活动中自主发展。

2. 教师是儿童融入社会环境的引导者、帮助者

儿童进入幼儿园，就是进入了第一个除家庭之外的社会环境中。要使儿童尽快融入这个环境中，学前教师应做到以下几点。

第一，要理解儿童的内心世界、尊重儿童。儿童虽小，但他们也有自尊心。只有尊重他们，才能使儿童自愿接受教师的教育引导。学前教师在任何时候都不应该伤害儿童的自尊心，要讲道理，要让儿童感受到教师是喜欢他的。

第二，运用谈话技巧。教师要有一颗童心，应和儿童讨论他们感兴趣的事，并运用一些儿童化的语言，让儿童感觉到教师是他们的朋友。另外，若儿童犯错，教师要用平静严肃的表情对儿童讲话，用词应简单易理解，让儿童认识到自己的错误行为，而不可用责骂的语气对待他们，严禁打骂。

第三，要与儿童建立平等关系。如果教师想要接近儿童，就必须放下自己的架子，同儿童建立一种平等的关系，用孩子的眼光看问题。

第四，注重孩子的兴趣。教师应注意发现并提出儿童感兴趣的话题，吸引儿童参与交谈活动，并用简洁有趣的提问，保持儿童交谈的兴趣。在儿童发言时，教师要表现出极大的热情和耐心，注意倾听并给予鼓励。

第五，教师用语应通俗易懂。教师用语应符合儿童的年龄特点和认知水平。因此，教师讲话应简单明了，从容不迫，易使儿童听懂。教师应讲究语言艺术。由于学前儿童的思维具有直觉行动性和具体形象性，因此，教师的口语应该生动形象，引人入胜，并伴有动态语言。教师始终要用正面的语言与儿童交谈，告诉儿童应当做什么，而不是指出他不应当做什么。教师说话的态度应温和，使儿童产生一种安全感，并乐意听从；语气要坚定，使儿童感到教师充满自信；应尽量用愉快的声调并走到儿童身边说话，而不应大声嚷嚷。因为这样做会使儿童感到恐惧。

第六，重视运用非语言沟通策略。教师与儿童之间的非言语沟通主要是指教师运用微笑、点头、抚摸、搂抱等与儿童进行沟通的方式。这种方式比言语更容易表达出教师对儿童的尊重、关心、爱护，能够满足儿童的心理需要。教师的这种动态语言的运用，是建立在教师对儿童热切的爱的基础上的。如果教师像母亲一样发自内心地爱儿童，那么这种发自内心的爱就会自然而然地流露出来并转化为动态语言。

3.教师是社区资源的整合者

学前教育是一个开放的体系，它的良好运行需要社区、家长的大力支持。一名学前教师必须学会和家长、社区沟通，整合各种有用的资源以便为儿童发展提供好服务。

三、教育内容

教育内容是人类积累起来的各种丰富的经验，是符合教育目的的、最有价值的和符合受教育者身心发展水平的影响物。学前教育的内容从大的方面来讲包括身体、认知、情感、社会性、审美等方面的内容。随着时代的发展，这些内容也产生了一些变化，有所拓展。

（一）身体方面的内容

锻炼儿童肌肉的力量，培养儿童活动的技巧；使儿童能运动与转位，保持身体平衡；使儿童学会投掷与接应，能往上、往下跳；使儿童形成节奏感与时间概念；增强儿童对身体及空间的意识；使儿童学会休息、放松，消除疲劳。另外，还包括安全教育和性教育的内容等。

（二）认知方面的教育内容

指导儿童通过感官来探索周围世界；增强儿童的好奇心，激发其求知欲；鼓励儿童提出问题，对事物进行比较，找出各事物相互之间的联系；帮助儿童获得关于形状、颜色、大小、分类、顺序、数字等的概念。近十几年来，学前教育格外重视儿童认知方面的语言教育和创造教育。在培养儿童的语言能力时，一些学者提出要增强儿童使用语言的自信心；使儿童发音清晰，掌握丰富的词汇；指导儿童掌握多种句型句式，使儿童喜爱与别人交流；发展儿童对语言的理解能力，使儿童能运用语言正确地表达自己的思想和感受；训练儿童的语言游戏技能和倾听的技巧，使儿童的语言能力得到全面提高。

（三）情感方面的教育内容

使儿童能习惯与家人分离；帮助儿童与教师建立基本的相互信赖、尊重关系；指导儿童学会分辨自己的情绪，并能加以控制；引导儿童恰当处理情绪问题；使儿童学会面对现实；使儿童学会了解别人，对别人有同情心；维护儿童的健康。现在，学前教育界强调通过理解儿童的感情，来促进儿童情绪的健康发展。

例如，刚进入幼儿园的一些儿童，好哭好闹，表现出明显的与家长分离的焦虑情绪。教育专家们认为，儿童首次与父母分离并不容易，要想帮助儿童渡过这一难关，教师就需要做有许多工作：要用类似"你难过是对的，我们很理解"的话语来替代过去对儿童提出的"要勇敢一些"的要求或批评，以示承认、接受儿童的感情；允许儿童做自己最高兴的事，玩自己最心爱的玩具；应当默许家长来园陪伴儿童，陪伴的时间由长变短，直至儿童完全适应为止；把同伴的活动照片装订成册，送给儿童，以培养儿童对幼儿园的感情；此外，还应当重视培养儿童抑制冲动的能力，注意减少儿童的攻击行为。有关研究发现：在学前期经常抢夺同伴玩具、时常做出冲动性行为、难以和同伴相处的儿童，长大成年后往往患有焦虑症。

（四）社会性方面的教育内容

帮助儿童学会控制非社会性行为；能使儿童通过社会认可的行为来满足自己的需要；能使儿童与周围的人和睦相处；能使儿童在帮助他人的过程中得到

心理上的满足；能使儿童从学习中获得快乐；能使儿童了解自己及家庭、文化，并引以为豪。礼貌是打开社会大门的敲门砖。所以，教师应当教会儿童对师长采用尊称，应用礼貌用语来称呼学校教师或其他长辈。

中国是一个多民族大国。根据不同民族、文化、生活习惯这一特点，学前教育还应重视对儿童进行多元文化教育，使儿童不仅能了解自己的传统文化，而且能接受其他民族文化。

（五）美的感知与表现方面的教育内容

美的感知方面的教育内容有：帮助儿童感知和发现周围环境的美；教会学生用好听的声音唱歌，能独立使用简单的打击乐器进行演奏，学会欣赏音乐的美；使儿童感受到跳舞的乐趣，鼓励儿童即兴创编；为儿童提供多种绘画材料，让他们自由选择，自由作画，培养儿童表现美、创造美的兴趣和能力；激发儿童对童谣及手指游戏的兴趣，通过律动活动、节庆活动、揉捏黏土等形式发展儿童表现美的能力。

四、教育环境

创设良好的教育环境对于儿童的发展而言是至关重要的，良好的环境不仅可以发展儿童认知能力，而且对于塑造儿童健康的人格有着十分重要的作用。教育环境是一个非常宽泛的概念。在日常教育中，我们可以把教育环境大致分为学前教育环境、社区教育环境和家庭教育环境。

（一）学前教育环境

学前教育环境是教育者专门为学前儿童创设的，符合学前儿童的年龄特点，具专业性、规律性、符合时代的社会需求等特点，是有明确目的的、有计划的、有组织的，它与其他环境相比，更能使儿童朝着社会预期的目标发展，对促进学前儿童健康发展起重要作用。环境的教育价值对学前儿童来说是非常大的。学前儿童正是在与环境的互动中来发展各方面能力的。

（二）社区教育环境

社区环境是极为重要的教育资源。教师及儿童家长应当注重开发和利用社区环境。发达国家的幼教机构特别注重与社区的合作。学前教师应当利用好社区公共设施。同时，社区居民的言行举止及精神风貌等都直接或潜移默化地影响着儿童的发展。

（三）家庭教育环境

家庭环境主要是指家庭成员共同营造的一种家庭氛围。家庭气氛是团结和睦的还是矛盾分裂的，是积极向上的还是消极颓废的，是热情温暖的还是冷漠的，是有节奏、有条理的还是杂乱无章的，对孩子良好行为的形成有重要影响。家庭环境是否整洁，生活安排是否井然有序，对孩子的行为也会产生潜移默化的影响。

在从儿童出生到上幼儿园前的这一阶段，家庭教育具有特别重要的意义。家庭是儿童健康成长的最重要的生活场所，家庭教育是任何教育所不能代替的。学校教育、社会教育都是家庭基础上的延伸、拓展和提高。要真正了解一个儿童，首先要了解其家庭。另外，托儿所、幼儿园与社会产生的影响又不断地反映到家庭中。实践证明，重视与家庭配合的托儿所、幼儿园，能充分发挥家长的作用，顺利地开展工作，反之，忽视家庭教育的托儿所、幼儿园，其教育效果很不理想。

要保证儿童的全面发展，托儿所、幼儿园与家庭必须紧密配合，同心协力地对儿童进行教育。教师要充分利用家庭资源、社区资源，并将家庭、社区资源引入托儿所、幼儿园，引入班级活动中，并运用整合的思想，将家庭、学前教育、社会三者有机联系起来，促进学前儿童发展。

第四节　影响儿童发展的因素

儿童的发展，是指儿童在成长的过程中，身体和心理方面有规律地发生量变与质变的过程。其中身体的发展，是指儿童机体的正常生长和发育，包括形态的增长和功能的成熟。心理的发展，是指儿童的认识过程、情感、意志和个性的发展。对学前儿童来说，其身体的发展与心理的发展是密切相关的，儿童年龄越小，其身体发展和心理发展之间的相互影响也就越大。儿童的发展受到诸多因素的影响，有先天的和后天的因素；有生物的和社会的因素；有生理的和心理的因素；有物质的和精神的因素。这些因素都会对儿童的发展产生不同的作用。

一、生物因素

儿童首先是有生命的有机体，其发展首先要遵从于生物学的规律。生物因素包括遗传素质、先天素质和制约发展的成熟机制。

（一）遗传素质为儿童发展提供了物质前提

遗传素质是指人从亲代那里获得的生理解剖方面的生物特点，如机体的形态、结构、感官特征和神经系统的结构和机能等特点，特别是人的大脑的结构和机能的特点。遗传素质是儿童身心发展的物质前提条件。人想要感知外界环境，必须有各种感知器官；人想要思考，就必须有特殊组织的物质——脑。不然，人就无法感知，无法思考。所以遗传素质为儿童的发展提供了可能性。

总之，遗传素质是儿童身心发展的物质前提条件。没有这个前提条件就谈不上儿童发展。但遗传素质只为人的发展提供物质前提和可能性，所以，我们不能夸大遗传素质作用。那种夸大遗传素质作用的"遗传决定论"是片面的。

（二）母体环境对儿童发展的影响

自 20 世纪 50 年代以来，胎儿发育的相关研究科学地说明了母亲的营养、疾病、药物使用情况对胎儿发育有重大影响。已有研究表明，由于母亲营养不良，或出生后第一年营养不良，胎儿的脑细胞数量会低于正常数，有时只达预期数量的 60%。母亲的营养还会影响胎儿出生以后的智力发展。例如，哈勒尔于 1955 年做了一项实验研究，他以营养不良的孕妇为实验对象，给其中一半孕妇以营养补助，给另一半孕妇给以安慰剂，在他们孩子 3、4 岁时进行智力测定，发现给予营养补助的一组的孩子智力的平均分数高于另一组的孩子。如果孕妇患有某些严重疾病时，常常会引起流产、早产和死胎，或导致胎儿患病或具有先天缺陷。如果孕妇滥用药物，又会影响血液中的化学成分和细胞的新陈代谢，从而影响胎儿的正常发育。因此，母体环境对发育中的胎儿有很大的影响。

（三）成熟机制在儿童发展中的制约作用

因为，遗传素质是不断发育成熟的，遗传素质的成熟影响着儿童身心发展的过程及其阶段。学前儿童保教要遵循儿童发展的规律。儿童的生理和心理的发展，是按照特定的顺序有规则、有次序进行的。通常，儿童的发展有一张"时间表"，他们的发展必然遵守这张时间表。这种用来指导发展过程的机制就是成熟机制。对于儿童来说，成熟是推动发展的重要动力。没有足够的成熟，就没有真正的发展。如果脱离了成熟的条件，学习本身就不能推动发展。著名的美国儿童心理学家、儿科医生格塞尔指出："儿童在成熟之前，处于学习的准备状态。"所谓准备，就是由不成熟到成熟的生理机制的变化过程。只要准备好了，学习就会发生。而在未准备之前，成人应等待儿童达到对新的学习内容产生接受能力的水平。例如，训练一个七个月的儿童爬行是完全可能的；但这时训练他走，则由于身体的机能尚未成熟，不仅不可能也无益。

二、社会因素

社会因素包括儿童所处的社会、家庭、教育机构等各种环境因素。

（一）社会环境引导和潜移默化地影响儿童的发展

环境是指儿童周围的客观世界，它包括自然环境和社会环境。一切生物都离不开适宜的自然环境而生长发育。但对人的身心发展来说，不仅需要自然环境，更需要社会环境。如果人离开了人类的社会环境，就不可能产生人的心理，印度狼孩的事例就充分证明了这一点。我们这里所讨论的主要是社会环境对儿童发展的影响。人自一出生就在一定的社会环境中生活。社会环境的范围很广，从大的方面看，包括他所处的时代，所处的社会政治、经济、文化，社会物质生活条件；从小的方面看，包括对儿童有直接影响的家庭及其成员、亲友、邻里、教育机构、同伴等。这里的社会环境是指从大的方面看的社会大环境。社会环境会直接或间接地影响着儿童的发展。儿童的先天素质能否得到发展，向什么方向发展、达到怎样的程度都受到他所处的社会环境的深远影响。

（二）家庭环境为儿童发展奠定基础

家庭是儿童成长的最初环境，父母是儿童的第一任教师。家庭环境是指家庭的经济和物质生活条件、社会地位、家庭成员之间的关系及家庭成员的语言、行为及感情的总和。对学前儿童产生影响的家庭环境主要包括物质环境、心理环境和教养方式。物质环境具体是指家庭中生活、学习物品是否充足，如何被摆设与使用等；心理环境是指父母与子女之间的态度及情感交流的状态，具体指家庭中人与人是否和睦，家庭成员是否尊老爱幼、各尽其责、商量谅解，语言是否文明有礼等；教养方式具体是指是否民主平等，是否尊重儿童个性，是否鼓励自主独立等。

家庭是人生的奠基石，家庭环境为儿童发展奠定基础，家庭环境的好坏直接影响儿童发展，对儿童生长发育、心理素质的形成和发展的影响是长远和深刻的。例如，我国著名桥梁专家茅以升，在回忆母亲时写道："……她的言行德操，在我家垂为风范，勤俭操家，事亲和顺。审利害，察是非，英断决疑，教养子女，视严实宽，协助亲朋，既丰且勤……"母亲还教育他："……要取得真才实学，真有实识，报国始有方……"正是在这种家庭环境的熏陶下，茅以升养成了爱祖国、爱家乡，刻苦钻研，奋发学习，勤俭朴实等优良品质，成为我国近代著名的科学家。

（三）教育机构的教育因素在儿童发展中起主导作用

教育机构的教育因素是环境的重要组成部分，是环境中的自觉因素。它与遗传素质、家庭环境相比，对儿童身心发展中具有更为独特的作用。它是根据一定的社会要求，用一定的内容和方法，对儿童实施有目的、有计划、有组织的影响活动。它决定了儿童的发展方向，对儿童的发展提出明确的方向和目标；运用科学的手段和方法组织学习活动，尊重了儿童的年龄特点；具有系统性，注重的是儿童终身发展。由此可见，社会教育机构的教育因素与一般环境因素的不同之处在于它对儿童发展的影响是一种有目的、有计划、有组织的影响。所以，教育机构的教育可以使儿童优良的遗传素质得到充分体现，使遗传所提供的某种可能性变为现实性，并可影响和改变不良的遗传素质。教育还可以对环境加以取舍，并可发挥和利用环境中的有利因素，减少或消除不利因素，从而促进儿童健康、全面、和谐发展。

三、儿童自身的能动性

儿童的发展，除了受生物因素、环境等因素影响外，还取决于其自身的能动性。这是决定儿童发展方向与发展水平的又一个不可忽视的因素。儿童的能动性主要体现在以下几个方面：①儿童在发展过程中，不是消极被动地接受外部环境的影响，而是积极主动的学习者，他们对环境的刺激有较强的选择性，并表现出作为独立的生命体所具有的能动性；②同样的环境对于不同的儿童可以产生不同的影响；③从儿童的心理发展来看，儿童认识外界是儿童内部的主动活动的过程；④如果儿童自身能动性没有发挥出作用，那么，其他因素的作用也难以充分发挥出来。

综上所述，儿童的发展绝不是某一种因素单独影响的结果，而是多种因素综合地、系统地相互作用的结果。在生物因素作为前提，又具备环境因素的情况下，儿童的主观能动性对儿童的自身发展显得尤为重要。我们不能孤立地、静止地强调遗传、环境和教育的作用，更不能忽视儿童主观能动性对其发展的重要作用。只有这样，才能全面地认识儿童的发展与教育问题。

第五节　学前教育与社会发展

一、学前教育与政治、经济

（一）学前教育与政治

政治体系主要由两部分构成：一是理念、意识，主要包括政治观念、政治态度、政治信念、政治标准等；二是指权力机构，主要包括政治权力、政治制度、政权机关、政党等。社会政治会对学前教育会产生影响。

在不同形态的社会中，由于社会的政治不同，学前教育的性质也就不同。学前教育面向哪个阶级和阶层子女，要培养他们成为什么样的人等，这些有关学前教育的领导权、方针政策、法令规章、目的、任务及教育制度等主要是由社会的政治所决定的。通常，统治阶级会制定本社会的教育目的或干预教育目的的制定。社会政治对学前教育产生的影响，具体表现在以下几个方面：①统治阶级利用其拥有的立法权，颁布一系列的教育政策、教育法律和教育规章，以保证学前教育目的的合法实现；②统治阶级利用其拥有的组织、人事权利控制教育者的行为导向；③统治阶级通过行政部门控制公职人员的选拔与录用；④统治阶级还通过经济杠杆控制教育方向，并对办学权进行严格控制；⑤社会政治制约学前教育目标的制定；⑥政府权力机关及职能部门对学前教育的重视与领导，学前教育发展的重要条件。

（二）学前教育与经济

学前教育的产生、发展与完善都与社会经济的发展密切相关，并为社会经济发展所制约。在近代资本主义大工业以前，社会生产力水平很低，学前儿童是在生活和劳动中接受教育的。资本主义大工业兴起后，才提出了建立学前教育的社会需要。就我国学前教育发展历程来看，在 20 世纪上半叶，社会经济发展缓慢，我国幼儿园发展也较慢，而且学前教育最先是在沿海经济较发达的工业地区产生和发展起来的。自新中国成立后，随着社会经济的发展，学前教育才有了较快的发展。因为学前教育的产生与发展，需要一定的财力与人力为基础，所以与社会经济发展的水平直接相关。另外，社会经济发展水平还会影响社会对学前教育的需求，以及家长送托子女的需求。从我国近几十年来学前教育发展的正反两方面的经验而言，学前教育的产生与发展必须与社会经济发展水平相适应。如果不顾社会经济发展水平盲目发展学前教育，就会使学前教育遭受挫折。

（三）学前教育的任务、手段、内容受社会经济发展的影响

回顾学前教育产生和发展历程可以发现，学前教育的任务先后发生了四次变化：①在初创时期，主要由母亲照管儿童，且只照顾儿童生活与安全；②从19世纪下半叶至20世纪上半叶，学前教育的任务不限于看护儿童，而且包括要促进其身心发展；③自20世纪60年代至70年代，学前教育的主要任务为发展儿童智力为中心；④20世纪80年代以后，学前教育的主要任务为促进儿童身体的、情绪的、智能的和社会性的全面发展。

社会经济的发展是导致上述变化的主要因素之一。由于社会经济发展的水平不同，所以，对下一代提出的要求不同，教育的任务也不同。同时，经济的发展也为实现这些要求提供一定的物质基础。例如，自20世纪以来，英国的学前教育的任务也发生了如下变化：1918年，注重保育和照管儿童；1939年，注重儿童情感及创造力的培养；1969年，注重儿童智力的发展。而在20世纪50年代初期，我国有不少学前教育机构也以保护儿童的安全为主要任务。几十年来，随着经济的发展，世界上许多国家都转向以教育儿童促进他们德、智、体、美全面发展为任务。

学前教育的内容与手段也与社会经济发展也紧密相连。经济的发展能创造更多的社会物质财富，为丰富和更新学前教育的内容与手段提供了条件。自一百多年前福禄贝尔为幼儿园设计了教育内容，制作了教具、玩具以来，随着社会经济的发展，学前教育内容与手段发生了很大的变化。在教育内容方面，增加了认识社会环境和自然环境的内容与要求，注重儿童认识周围事物的兴趣和求知欲的发展，注重儿童智力的开发与能力的培养，特别是创造力的培养，同时还注重儿童社会交往能力的培养。在教育手段方面，开发了各种观察、操作和实验活动，并且增加了录音、电影、电视、录像及计算机等现代化教学手段。

（四）学前教育为促进社会经济发展服务

学前教育是整个国民教育的基础阶段。一些教育家和心理学家的研究表明，人的素质的重要影响因素不只是学校教育，更重要的是学前教育。学前教育在提高劳动力的素质方面的作用、促进社会经济发展的作用越来越为人们所重视。学前教育不仅可以通过提高劳动力素质、培养人才来促进经济发展，而且通过其他方式来促进经济发展作用。学前教育关系到千家万户的生活和工作，可以减轻家长养育幼小子女的负担，消除家长的后顾之忧，使他们精力充沛地投入

工作和学习中。学前教育还可以像这样通过保护和解放劳动力来直接为发展经济服务。

二、学前教育与地理环境

古人云："一方水土养一方人。"不同的地理环境可以养出性情不同的人。地理环境与学前教育互相影响。一方面，地理环境可以促进或制约学前教育的发展；另一方面，学前教育会促进地理环境的改善。良好的地理环境是学前教育的基本保障，在一个被污染、气候恶劣、物种稀缺、生态受到严重破坏的环境中，一切发展都会受到制约。因此，选择和创设良好的地理环境是学前教育发展的基本保障。学前教育应当从以下几个方面来促进地理环境的改善：一是教育儿童要从小热爱大自然，使儿童认识到，为了生存要保护好自然环境，学会人与自然和谐相处；二是培养儿童良好的行为习惯，以及积极参与环保活动的初步意识；三是通过儿童向社会、向家长进行宣传教育，促使大家知道"保护环境，人人有责"，懂得"地球只有一个，人类要保护好她"的道理。

儿童是祖国的未来、人类的希望，把保护地理的环境教育的着眼点放在儿童身上是具有现实的深远的意义。

三、学前教育与文化

学前教育与社会文化有着十分密切的关系。学前教育是文化的一个组成部分，是文化大系统中的一个子系统。要探究学前教育的发展规律，首先必须把握文化对学前教育的影响。

（一）教育与文化

文化与社会共存，文化存在于社会之中。自从有人类开始，也就有了文化。所谓文化，广义上是指人类在社会历史实践过程中所创造的物质财富和精神财富的总和；狭义上是指社会的精神文化，即社会的价值观念、思想道德、科技、教育、艺术、文学、宗教、传统习俗及其制度的一种复合体。文化与教育密切相关。两者之间的关系主要表现在以下几个方面。

1. 教育与文化水平之间的关系

衡量社会文化水平的指标有很多，如从事体力劳动与脑力劳动的人数之比、文化的空间时间分配结构（指一天内文化活动的时间分配）等。但是，一般社会都将其人口受教育水平作为该社会文化水平的指标。教育水平与社会文化水

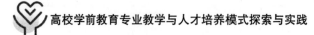

平具有极高的相关度。另外，周围的文化氛围、文化设施都会直接影响学生受教育水平。

2. 文化传递与教育

文化传递是指文化在时间上的延续和在空间上的流动。文化传递需要物质载体（如工具、建筑等）、精神载体（如语言、文字等）、人的载体（如个人具有的知识、道德等）。这三种载体需要不断转化才能使客体文化转化为主体文化。在这个过程中，教育起着十分重要的作用，它是文化传递的前提、动力和重要途径，并在传递过程中起到补充、发展和丰富文化的作用。

3. 文化选择与教育

文化选择是指对某种文化自动撷取或排斥的过程。文化选择以社会需要为基点，同时又具有人的主体性特点。在文化选择与教育之间的关系处理上应注意以下几点：一是应选择有社会价值的文化；二是按教育需要选择文化；三是选择有利于受教育者发展的社会文化。在这个过程中，需要协调好文化选择与教育之间的关系。

（二）文化对学前教育的影响

在现代社会，文化对学前教育的影响力是不容低估的。文化对学前教育的影响一般表现为以下三个方面。

首先，文化是政治、经济作用于学前教育的中介，即文化可以传递一定的政治、经济的要求。如通过舆论、文章、书籍等现实文化反映政治经济的要求，从而影响学前教育的发展方向与发展水平。

其次，文化主要表现为以其主动的相对独立的形态直接地影响着学前教育。例如，传统文化、外国文化等都不一定是社会现实政治、经济的反映，而是通过文化的渗透功能影响学前教育的观念及其思想体系。

最后，一定社会的文化对学前教育的发展所产生的制约作用是显而易见的。这种制约作用一般表现为两种形式。一种是积极推进作用。例如，社会观念的更新，对传统文化精髓的汲取等，都会对学前教育的改革与发展产生强大的推动作用。另一种形式是消极阻碍作用，即制约和阻碍学前教育的发展。例如，一些消极、落后、腐朽的文化形态与价值观念，会对学前教育产生诸多的负面影响。因此，全面地认识文化对学前教育的制约作用是十分重要的。

（三）社会文化变迁与学前教育

社会文化变迁是指由文化内容含量的增加或减少而引起结构性的变化。文化变迁虽然是由文化内容的变化引起的，但又并非所有的文化内容的变化都会引起文化变迁。只有当某种文化内容的变化引起文化的结构性、全局性、整体性发生变化时，才会引起文化变迁。

文化变迁是永恒的，是不以人的意志为转移的。文化变迁的动因是社会经济的发展和自身的规律性变化。在文化变迁的过程中，教育可以成为一种推动力量，能动地推进文化变迁的进程。但是，教育如果滞后、僵化，则会阻碍文化变迁，致使教育在文化变迁上的能动作用也难以发挥出来。鉴于文化变迁与教育之间的关系，我国对于现代社会学前教育应认识到以下几点。

第一，学前教育方案的设计应该考虑区域环境与家庭的文化背景。学前教育方案设计者应根据不同背景下不同儿童的需要设计个性化的学前教育方案，同时应致力于更新家长的教育观念和提高家庭教育水平。

第二，学前教育的内容应尽量反映我国传统文化的精华，并注意汲取世界优秀文化的精髓。

第三，学前教育应该充分利用多种媒体，重视传播文化信息，不断吸收新文化，包括新观念、新知识、新技术，尤其应重视电化教育手段的运用，以丰富学前教育的内容，完善学前教育的手段。

第四，应根据国情、乡情和儿童水平来选择文化，以增强学前教育与社会文化的协调性。

第五，应不断地改革教育的形式、内容与方法以适应社会文化的不断变迁。

第六节　学前教育与儿童发展

一、学前教育对儿童发展的影响

学前教育对儿童发展起着奠定人生基础和主导的作用。这是被教育实践证明了的。学前期的儿童正处于身体与智力发展最迅速，以及个性形成的重要时期。学前儿童大脑发育迅速、可塑性强。相关研究表明，3岁时儿童的脑重量是出生时的3倍，相当于成人的三分之二，至7岁时，脑重已接近成人的脑重。大脑的发育使神经细胞传导更加迅速精确，促使儿童形成更加复杂的神经联系。这为儿童接受教育提供了可能性。与此同时，脑神经细胞也在儿童的学习、运动和各种活动中迅速地发展和成熟起来。早期丰富的刺激和科学的教育不仅有助于大脑的发育，而且将有利于增进儿童身心健康、促进儿童全面和谐而又充分地发展，为今后成才和可持续发展奠定基础。

（一）教育主导和促进儿童更全面充分地发展

学前教育是一种有目的、有计划、全面系统地对学前儿童施加符合其年龄特点和发展规律影响的过程，比那些自发的、偶然的、无计划的、不注重儿童特点的环境因素的影响更为科学有效。学前教育担负着家庭教育指导的责任，注重与家长的合作共育，有助于充分地发挥遗传素质和家庭环境中的有利因素，克服其不利因素，利用集体的教育因素、同龄伙伴的相互作用影响儿童发展，优化儿童发展的环境，并根据个体差异因材施教，帮助儿童对发展的多种可能性做出判断和价值选择，并通过全面系统多样化的教育活动，促使儿童全面和谐而富有个性地发展。

（二）反对"教育万能论"

"教育万能论"是一种把教育的作用夸大到可以否定社会和遗传素质差异对人的发展影响的教育主张。德国哲学家康德认为，人之所以成为人，完全靠教育。另一位德国哲学家莱布尼茨曾说，如果给他以教育的全权，不需要一百年，就可以使欧洲改观。法国唯物主义者爱尔维修是"教育万能论"的最著名的代表人物，认为人的天赋是平等的，遗传素质不存在差别，人是环境和教育的产物。教育不是万能的，教育对人的发展所起的主导作用是有条件的。"教育万能论"是一种片面的思想主张，我们必须加以科学批判，以免误导儿童教育和儿童发展。

我们应该明确，儿童的发展受到诸多因素的综合影响，有生物的和社会的因素影响；有生理的和心理的因素影响；有物质的和精神的因素影响；而且儿童自身的主体能动性对发展起重要作用，儿童不是消极被动地接受教育，而是通过与这些影响相互作用才能将这些影响内化。

二、整合性教育与儿童发展

人类社会的发展是一部创造发明史。特别是在当今世界科技发展竞争日趋激烈的今天，我国要想屹立于世界强国之林，关键在于要培养出无数个创造型、开拓型的人才。这种人才的培养必须依靠家庭教育、学校教育和社会教育。时代的进步，特别是进入 21 世纪之后，现代社会和教育的发展，使人们越来越清楚地认识到学前教育、家庭和社区在儿童早期成长过程中的作用。这三个方面互相制约、互相依存、互相促进，组成教育的整体。1990 年，《儿童生存、保护和发展世界宣言》中提出："我们将努力做好工作，从而尊重家庭在抚养儿童方面的作用，并支持父母、其他保育人员和社区对儿童，从早期童年至青春期的养育和照料。"庄严地向各国人民宣告了这一共同的心声。因此，"三位一体"的教育显得尤为重要。"三位一体"是指家庭、社区和学前教育共同促进儿童成长，形成一个教育的共同体。如果只重视学前教育，而不重视家庭、社区的教育，就不能使家庭、社区和学前教育三方力量形成一种合力。因此，学前教育应充分重视家庭、社区教育，做好家长工作，联合社区，共同促进儿童和谐健康的发展。

（一）树立幼儿园、家庭、社会一体化的大教育观

人类发展生态学研究成果表明，人的发展是一个庞大的生态体系内部各因素相作用的结果。这个体系的中心是自主的人，是具有主观能动性和能够自主发展的个体。对儿童来说，其发展则受所处的环境和所处的社会生态系统的影响，即家庭、教育机构和社会三大环境的影响。因此，儿童教育是一项系统工程，它是由家庭、教育机构和环境之间的互相配合、相互作用所形成的合力对儿童的发展产生影响的一种过程。显然三者的配合协调的程度越高，对儿童的教育所产生的正效应也就越强。过去由于受到旧的教育观念的影响，人们认为学前教育能够单独完成教育任务。如果说幼儿园的任务只是对学前儿童进行知识、技能方面的教育，那么学前教育很难单独完成教育任务。何况现在的学前教育的任务是要对学前儿童进行体、智、德、美等方面全面发展的教育。要培养学前儿童成为社会所需要的、身心和谐发展的人，而且要面向全部学前儿童，因人施教，就不可能脱离家庭和社会。而学前儿童所处的直接环境是社区和家庭，所以对学前儿童的教育应特别要重视幼儿园与家庭、社区的共同配合，同向同步地对儿童进行教育。

（二）学前教育要为社区、家庭教育服务，保持教育的整体性

学前教育是社区事业的一部分，其发展要依托社区的发展，家庭就处在这一社区中，所以服务社区和家庭对促进儿童健康成长极为重要。儿童的成长需要有一个合适的环境。在现实生活中，家庭和幼儿园教育之间往往存在差别和各种不协调，因此，教育效果必然受到影响。所以，幼儿园应指导家长开展家庭教育。这样做可以让家长充分了解学前教育的内容、要求、方法等知识，提高实际教育能力，让儿童在协调一致的环境中生活和学习。

第二章　学前教育目标和任务

第一节　学前教育目标的制定

教育目的是教育的根本问题。要把受教育者培养成什么样的人，在教育活动开始之前，就应清晰地存在于教师的头脑中。教师从事一切教育活动都是为了实现这个目的。

一、教育目的

教育目的是指一个国家对人才培养的质量和规格的总体要求。在进行教育之前，人们对于要把受教育者培养成什么样的人，已经在观念上有了某种预期的结果或理想的设定。人们之所以进行教育活动就是要引起受教育者的身心发生预期的变化，使他们成长为符合社会需要的人。这种预期的结果或理想的设定就是我们所说的教育目的。

在不同的社会历史阶段，教育目的不同。我国现阶段的教育目的是培养德、智、体、美、劳全面发展的社会主义建设者和接班人。

二、学前教育目标的制定

教育目的是国家对教育事业培养人的总体的质量要求。由于社会所需要的人是多层次、多规格的，教育对象的身心发展水平不同且各有特点，所以，国家对各级各类教育提出了特殊的具体要求，即各级各类教育的目标。

学前教育目标是教育目的在学前教育这一阶段的具体化，是国家对学前教育机构提出的培养人的规格和要求，是全国各类学前教育机构统一的指导思想。

（一）制定学前教育目标的依据

1.教育目的

学前教育目标是人们根据教育目的，并结合学前教育的性质和特点提出来的。我国学前教育的目标是培养体、智、德、美全面发展的幼儿，它体现了我国教育目的的基本精神，并兼顾学前教育的性质和特点。学前教育目标的提法又与学校教育目标略有不同，如把"体"放到了第一位。这是由于在幼儿阶段，身体的正常发育和机能的健全发展较以后各年龄阶段更为重要。

2.社会发展需要

学前教育目标要反映社会的价值观念和发展方向，反映生产力发展水平对人才的要求。因为要为未来培养人才，所以，教育培养目标要有一定预测性、超前性。联合国教科文组织在《教育——财富蕴藏其中》报告中提出21世纪教育的四大支柱。

（1）学会认知

认知是掌握认识世界的工具或手段。学会认知，作为认识的手段是使每个人学会了解周围世界，有尊严地生活，能发展自己的能力，进行交往。学会认知又可作为人生的目的，其基础是乐于理解、认识和发现。"如果最初的教育提供了有助于终身继续在工作之中和工作之外学习的动力和基础，那么就可以认为这种教育算是成功的。"

（2）学会做事

学会做事是指学会在一定环境中创造性地工作，学会应对变化的情况，参与未来的创造。

（3）学会共同生活

学前教育要培养学生的合作意识与能力，让学生懂得人类的多样性，同时认识到地球上所有人之间都具有相似性，存在相互依存的关系。

（4）学会生存

教育应当促进每个学生的全面发展：身心、智力、敏感性、审美意识、个人责任感等方面的发展。

发展的目的在于使人日臻完善；健全人的人格；使人作为一个人，作为一个家庭和社会的成员，作为一个公民、生产者、技术发明者和有创造性的理想家，来承担各种不同的责任。

3. 儿童的发展需求和发展的特点

教育从根本上说就是培养人的一种活动，所以在判断教育目标是否合理时除了要看其是否符合社会要求之外，还要看其是否符合教育对象的身心发展规律。例如，成年人画一个菱形是轻而易举的事，然而对于幼儿来说，却是很困难的，即使3岁孩子能够照葫芦画瓢，要临摹一张菱形图样也是很困难的。这就是说，幼儿的发展是有一定年龄特征和规律的，是一个按照一定顺序、不断地从低级到高级发展的过程。教育目标如果不符合幼儿发展的规律，不符合幼儿个体的发展需要和可能性，就不可能变成现实。因此，教育目标的制定必须适应幼儿身心发展的年龄特征。

在制定教育目标的依据上，一直存在争论。社会本位论认为教育目标是由社会需要决定的，教育应服从社会需要，为社会培养所需要的人。个人本位论认为教育目的应当由人的本性的需要决定，教育的最根本目的是人的本性和本能的高度发展。今天，把社会和儿童完全对立起来的极端论点很少见了。但在制定具体培养目标的时候，是侧重社会需要还是优先考虑儿童发展需要，是培养"人力"还是培养"人"，仍是热点问题。

（二）学前教育目标的层次结构

每个国家都会对学前教育目标做出宏观表述。要实现目标，就必须将它层层分解，逐步将之变为低一层次的、可操作的具体目标，才能使之成为教师制订活动计划的有效依据，并通过各种活动落实到儿童的发展上。目标经过层层分解后就形成了学前教育目标的金字塔结构。这一目标从上至下由教育目的、学前教育的目标、各个幼儿园具体的教育目标构成。

（三）制定学前教育具体目标应注意的问题

1. 教育目标分解的方法要恰当

制定学前教育具体目标的过程，实际上就是将国家的教育目的、学前教育目标层层分解，逐步使之具体化，并将之落实在儿童发展上的过程。第三层次的具体目标如何确定？各个幼儿园可以根据实际情况采取不同的分解方法。

按时间的范畴划分，学前教育目标可分为每一学年的教育目标、学期教育目标、月（周）或单元（主题）教育目标、一日或一个活动教育目标。

按目标指导的范畴划分，则可分为指导本园的教育目标、指导一个班级的教育目标、指导不同活动组的教育目标、指导每个个体的教育目标。

2. 教育目标涵盖的内容要全面

将学前教育目标层层具体化的过程，实际上就是将教育目标的内容逐步具体化的过程。不论分解到哪一层次，幼儿园都要保证教育目标的整体结构不被破坏。教育目标涵盖的内容一定要全面，应包括儿童全面发展的各个方面的全部内容。在实践过程中，经常会出现指导思想出现偏差的现象。幼儿园对此一定要注意避免。

3. 教育目标要有连续性和一致性

教育目标的实现是一个长期的过程，它包括若干不同的阶段。每个阶段的目标之间要相互衔接，体现幼儿身心发展的渐进性和连续性；同时各目标之间要协调一致，以保证每一个具体目标的实现都成为实现教育目标的有效环节。

第二节　我国学前教育目标的内涵与学前教育的意义

一、我国学前教育目标的内涵

《幼儿园工作规程》中指出我国高校教育目标：对幼儿实施体、智、德、美等方面全面发展的教育，促进其身心和谐发展。学前教育全面发展是指以幼儿身心发展的现实性与可能性为前提，以促进幼儿在体、智、德、美等方面和谐发展为宗旨，并以适合幼儿身心发展特点的方式、方法、手段加以实施的、着眼于培养幼儿综合素质的教育。

对幼儿实施全面发展教育是我国学前教育的基本出发点，也是我国幼儿教育法规所规定的学前教育的任务。体、智、德、美是人发展的基本素质。体育、智育、德育、美育是全面发展的有机组成部分，它们一方面在全面发展教育中承担着相对独立的任务，对人的身心发展发挥着不同的作用；另一方面，它们又是紧密联系、相互促进的。偏重任何一方或削弱任何一方都是不对的，都不是全面发展教育。

值得注意的是，幼儿的全面发展教育并不是要求在体、智、德、美诸方面齐头并进、平均发展，也不意味着个体的各个方面可以各自独立地发展。对于不同的幼儿来说，他们各有所长，在不同的方面有不同的一些表现，但幼儿各方面的发展应该是和谐的。

二、学前教育的意义

（一）对社会发展的意义

幼儿的全面发展教育关系到国家的未来与民族的兴旺发达。

1. 重视幼儿体育有利于提高全民族的身体素质

世界上许多国家将人的能力看作为"能源"。只有充分挖掘人力资源，才能促进生产和经济的发展。人的能力的发挥必须以健康的身体为物质基础。随着社会科学技术不断发展进步，生活节奏不断加快，社会对人才身体素质的要求相应提高。人才不仅应有健康的体质，还要有良好的对外界变化的适应能力。学前教育是培养人的基础教育，要让儿童小的时候就开始锻炼身体。

2. 重视幼儿智育能为提高社会的科学文化水平奠定基础

劳动生产率的提高越来越多地依靠劳动者的科学知识和智力水平，而不是简单的体力劳动。现代化的生产更需要掌握现代化科学知识、具有较高智力水平以及开拓、创造精神的劳动大军。不仅如此，科学还通过各种技术渠道深入到人们生活的各个领域。没有足够的知识修养，就不能适应现代化的社会生活。只有充分发挥智育的作用，才能为社会主义现代化建设培养出具有良好智力结构的建设者和接班人。而对幼儿进行智育则是培养这种人才的重要开端。

3. 德育是社会主义物质文明建设不断发展的保障

德育可以使年轻一代把握正确的方向和培养其积极进取的精神，使他们刻苦学习，努力工作，从而推动社会主义物质文明建设。德育既影响当前的社会风尚，又决定着中华民族今后的精神风貌。今天的幼儿是未来社会的主人，他们的思想品质和道德素养将会在很大程度上代表未来社会的文明程度和社会风貌。所以我们必须重视幼儿的德育。

4. 美育能激发人以追求美好生活的精神动力和提升人的审美修养

重视美育有助于提高整个社会的审美能力，形成良好的社会风气，抵制陈腐的习俗。在我国进行社会主义现代化建设的过程中，美育作为社会文明和进步的标志，受到前所未有的重视，成为我国社会主义精神文明建设的一个内容。对幼儿实施美育，促使幼儿形成正确的审美观，能为提高全民族的素质打下基础。

（二）对个体发展的意义

1. 体育能够促进幼儿身体的正常生长发育，全面增强体质，并为幼儿其他方面的发展奠定良好的基础

在幼儿时期，机体组织和器官发育迅速，但较娇嫩，易受损伤，对外界的适应能力和对疾病的抵抗力弱，易感染疾病。另外，幼儿活动不够协调，独立生活能力仍很差。合理地对幼儿实施体育能促进他们身体的正常生长发育，为他们一生健康打下良好基础。相关研究表明，经常锻炼的幼儿，适应能力和对疾病的抵抗力均优于缺乏锻炼的幼儿。因此，国家特别需要加强幼儿体育工作。体育可以为幼儿其他方面的发展奠定基础。毛泽东同志曾把健康的身体比作"载知识之车"和"寓道德之舍"。试想一下，如果一个孩子营养不良、体质虚弱、经常生病，他就可能经常情绪低落，对任何事情都没有兴趣，而且性格乖戾。这又会使他们在智力、情感等诸多方面的发展受到阻碍。反之，身体健康的幼儿，精力充沛，求知欲强，愉快活泼，能主动积极参加各种活动，愿意与人交往。这又使他们能够广泛接触周围环境，智力得到发展，并养成勇敢、开朗、自信的良好个性品质。因此，科学护理幼儿的生活，预防疾病，保护幼儿的生命健康，并通过有目的、有计划的体育活动，促进幼儿生长发育，增强体质，保证他们身体健康成长，为其未来的发展打下良好的基础。

2. 智育能够满足幼儿的认知需要，促进幼儿智力的发展，并为以后的学习打下良好的知识与智力基础

早期智育可以促进大脑正常发育。幼儿期是大脑正常发展的时期，大脑的发育为幼儿智育的发展提供了物质基础。美国心理学家布鲁姆对近千名儿童进行追踪研究得出结论，5岁是幼儿智力发展最迅速的时期，但是，人的大脑结构和机能不是先天自然成熟的，而是在后天的环境中发育成熟的。婴儿在诞生后，由于与外界环境不断接触，脑神经细胞的"突起"不断增多，脑细胞联结、反应和传递感官从外界获取的信息，促进大脑细胞功能的形成。在良好的早期教育下，反应和传递信息的过程越频繁，脑细胞的功能就越好。国内外大量的实验证明，接受早期有计划的教育和训练的婴儿比没有接受这种教育和训练的同龄幼儿的智商要高。

幼儿有强烈的认知需要，强烈的好奇心和求知欲，但是他们的认识还带有极强的无意性。他们只注意到那些突出的表面现象而忽略反映事物本质的现象，他们所获得的知识往往是零碎表面。智育能有目的、有计划、有组织地满足幼儿的认知需要，引导他们有顺序地认识周围事物，正确理解各种现象和因果关系，并在此过程中帮助幼儿逐步学会学习，提高其认知能力，培养幼儿良好的智力品质。

3. 德育可以帮助幼儿适应社会生活，促进个性品质的健康发展

良好的个性品质对人一生的成长和发展都起着十分重要的作用。相关研究表明，人的成就高低与自信心、独立性、坚持性等个性品质有密切的关系。幼儿期是个性开始形成的时期。儿童3岁以后，由于语言、自我意识和独立性的迅速发展，在行为中开始出现个性倾向的萌芽，也开始形成初步支配自己的能力。但是由于幼儿好模仿，加之认识活动的具体形象性和生活经验的局限性，其辨别是非的能力还很差，容易受环境的影响。况且，幼儿并非生活在真空中，所以，社会上一些消极的东西也会影响幼儿。因此，从小加强德育，增强幼儿的是非观念，培养幼儿健康的个性品质是非常必要的。

4. 美育可陶冶幼儿的心灵，促进其审美能力和智力的发展

美育通过美的事物和具体鲜明的形象引起幼儿的兴趣和感情上的共鸣，使幼儿在轻松自如和自愿的情况下，在主动感受美的过程中接受教育。例如，在欣赏祖国秀丽山川时，幼儿爱国的情感便会油然而生。所以，美育的强大感染力陶冶着幼儿的情操，培养其积极向上的精神和活泼、开朗的性格。

美育的实施过程能促使幼儿对周围事物产生更广泛的兴趣。美育不仅有益于开阔幼儿的视野，增长知识，还可促进其智力发展。周围生活中美的事物以及美的声、光、形、色等特征能激发幼儿进行学习探究活动的兴趣，促使其感知能力、想象力和创造力等方面均得到发展。例如：艺术作品中美的形象可引起幼儿丰富的联想和想象；音乐的优美旋律可锻炼幼儿的听觉感知力；自编表演动作可增强幼儿的表现力和表演技能，并丰富其内心的情感体验。幼儿在艺术活动中可实现内在的认识、情感和外在的表现活动的统一。

体、智、德、美各育虽然在人的全面发展中起着相对不同的作用。但体、智、德、美各方面作为人的发展的各个方面的素质，是统一于一个人身上的，所以，体、智、德、美任何一方面的发展都与其他方面的发展相互促进、相互渗透、相互制约，不可分割。体、智、德、美四育融合在一起可形成一种整体教育力量，推动幼儿的全面和谐发展。

第三节　学前教育的任务

一、学前教育的双重任务

学前教育是基础教育的重要组成部分，与其他各级各类学校一样，承担着促使幼儿在体、智、德、美诸方面全面发展，为社会主义培养建设者和接班人的任务。而且学前教育机构（主要为幼儿园）又是保教机构，具有福利性，因此，还担负着其他教育机构所没有的为家长提供服务的特殊任务。《幼儿园工作规程》明确提出幼儿园的任务：贯彻国家的教育方针，按照保育与教育相结合的原则，遵循幼儿身心发展特点和规律，实施体、智、德、美诸方面全面发展的教育，促进幼儿身心和谐发展。幼儿园应同时面向幼儿家长提供科学育儿指导。学前教育的双重任务体现了幼儿园在现代化建设中的独特作用。

（一）幼儿园对幼儿实施保育和教育

以幼儿园为代表的学前教育机构是我国对幼儿实施保育和教育的组织，因此幼儿园通过对幼儿实施促进其体、智、德、美诸方面全面发展的教育，促进其身心和谐发展，来体现自身的社会价值，为社会主义建设服务。其保育和教育的主要目标有：①促进幼儿身体正常发育和机能的协调发展，增强体质，培养良好的生活习惯、卫生习惯和参加体育活动的兴趣；②发展幼儿智力，培养正确运用感官和运用语言交往的基本能力，增进对环境的认识，培养有益的兴趣和求知欲望，培养初步的动手探究能力；③萌发幼儿爱祖国、爱家乡、爱集体、爱劳动、爱科学的情感，培养诚实、自信、友爱、勇敢、勤学、好问、爱护公物、克服困难、讲礼貌、守纪律等良好的品德行为和习惯，以及活泼开朗的性格；④培养幼儿初步的感受美和表现美的情趣和能力。

（二）幼儿园为家长提供科学育儿指导

幼儿园不仅是一个教育机构，也是一个社会福利机构，负有为幼儿家长提供科学育儿指导的任务。通过完成这一任务，幼儿园显示出其他教育机构所不能替代的功能，充分体现出幼儿园的独特价值。

二、新时代背景下学前教育在实现双重任务的过程中面临的新挑战

（一）新时代对幼儿身心素质的发展提出了更高的要求

现代科技的飞快发展使社会进入了以知识、信息为主要生产动力的时代，江泽民同志指出：创新意识对于我们 21 世纪的发展至关重要。党中央还提出"科教兴国"的战略决策。这一切都使教育面临前所未有的挑战。学前教育担负着为培养 21 世纪的人才奠基的光荣而艰巨的任务，如何做才能适应社会的需要呢？显然，我国必须从素质教育入手，从教育思想到教育内容、形式、方法等方面全方位地进行改革。否则，学前教育难以跟上时代的步伐，不可能使幼儿成长为社会所需要的一代新人。

（二）家长对幼儿园的服务和教育质量提出了更高的要求

其一，随着我国社会经济体制改革的日益深入和社会主义市场经济制度的逐步建立健全，人们的生活方式、价值观念等空前多样化，生活节奏加快，时间意识增强，人员流动量大。在这种形势下，学前教育类型单一、服务范围狭窄、机制不灵活的现状就难以适应社会的需求。家长要求办学形式更加多样化，除了全日制之外，还应有半日制、计时制、机动的寄宿制等。总之，家长要求各种学前教育机构在办学形式、管理制度、收托时间、保育范围、运作方面更灵活、更方便，以适应其工作、学习、生活方面的需要。

其二，目前，家长送孩子入园有了选择余地，但是"入好园难"的呼声日趋高涨。现在的幼儿家长对学前教育在人一生发展中的重要意义的认识不断提高。因此，他们不仅希望孩子在幼儿园中吃得好、长得好，更希望孩子能接受好的教育。幼儿园教育质量的高低成为家长最关心的问题。提高保育和教育质量成了幼儿园生存和发展的关键。幼儿园只有提高教育质量，令家长满意，才会生源充足，获得良好的社会效益和经济效益。

总之，学前教育要更好地完成双重任务，令家长满意、社会满意，就必须顺应社会的发展和变化，不断调整自身的运行机制，深化改革，把幼儿园的教育质量不断提高到更高的水平。

第三章　幼儿全面发展教育

第一节　幼儿体育

幼儿体育是幼儿全面发展教育的一个重要内容。由于幼儿期是儿童身体迅速生长发育的时期，体育对于保护幼儿的身体健康，促进他们正常的生长发育具有十分重要的意义。

一、幼儿体育的内涵

幼儿体育即在受教育者的幼儿时期，教育者采用给予营养、渗透保健知识、培养幼儿生活习惯及体育运动等的手段，有目的、有计划、有组织地对受教者施加影响的早期教育。幼儿体育是幼儿全面发展教育的重要组成部分，它的特点与幼儿天生好动的行为特征相符合，其生动活泼、灵活多样的组织形式也深受幼儿的青睐。幼儿体育对于幼儿身心健康的发展和良好思想品德的形成有着举足轻重的作用。因此，幼儿体育教学质量的好坏在一定程度上影响着幼儿的身体素质。在幼儿期采用科学的、合理的体育教育方式提高他们对体育的兴趣，倡导科学的教育思想，培养良好的运动习惯，同时为他们提供一个良好的社会环境，对幼儿的全方位发展有积极的促进作用。

体育是保护儿童身体健康和增强其体质的教育。我们应以从体质所包括的各方面来衡量幼儿的身体是否健康。一个健康的幼儿，不仅要体格发育正常，形态端正无异常（如驼背、斜视等异常），体能正常无障碍（如龋齿、慢性病等障碍），而且要活泼愉快，自信自主，富有好奇心，乐意分享与合作。

体质是指人体的质量。体质是一个人身心各方面因素的综合表现。一个人的体质强或弱，受多方面的影响，既受遗传因素的影响，又受后天条件的影响。概括而言，体质包括以下四个方面。一是体格，即人体的形态结构。包括人体的生长发育、体形和身体姿势等。人们通常以身高、体重、头围、胸围等指标来测评一个人的体格。二是体能，包括：①各组织器官的工作能力（如脉搏、血压、肺活量等指标）；②身体素质，即人体在活动时，骨肉活动所表现出来的能力（如速度、力量、耐力、柔韧度、协调性等）；③基本运动能力，指人的最基本的活动能力（如走、跑、跳、投掷、攀登、钻、爬等）。三是适应能力，包括机体对外界环境的各种变化（如冷热、风雨、干燥、潮湿、噪音等）的适应能力，以及机体对各种疾病的抵抗力和病后恢复能力。四是心理因素，包括人的感知能力、情感以及个性方面的特征等。人的健康不仅是指机体方面的健康，也包括心理方面的健康，所以体质也包括心理因素，如情绪、情感、感觉、记忆、注意力、思维能力以及性格等。

一个人体质的强弱是受多方面因素影响的，是先天因素与后天因素、外部因素与内部因素等多种因素相互作用的产物。以促进幼儿身体正常发育，增强体质，提高幼儿健康水平为目的的体育，是影响幼儿身体发展状况的重要因素，可以为幼儿的身体发展创造良好的条件。

二、幼儿体育的意义和任务

（一）幼儿体育的意义

幼儿处于生长发育的重要时期与特殊阶段，科学合理的体育可以保障幼儿的健康成长，为幼儿身心全面发展提供良好的条件与基础。

1. 体育是幼儿健康与生命的重要保障

幼儿正处于生长发育的特殊时期，身体的生长发育速度快，身体各部分器官与系统尚未发育成熟，比较娇嫩柔弱，身体形态结构没有定型，可塑性大，同时，对外界环境的适应能力和对疾病的抵抗力较差，容易感染疾病，身体易受损害。因此，这一时期的体育具有特殊的重要意义。科学合理地照顾、安排与组织幼儿的生活，可以保障幼儿的生命与安全，提高他们的健康水平，预防和减少不必要的身体伤害与精神损害。

2. 体育为幼儿全面发展提供基础

身体的发展是人的其他方面发展的重要的物质基础。毛泽东同志曾把健康的身体比作"载知识之车"和"寓道德之舍"。人的其他方面的发展以身体发展为基础。儿童年龄越小，其身体的发展对心理的发展影响越大。体弱多病的幼儿不仅身体素质不好，其心理的诸多方面，如性格、情感等也往往会出现问题。体育不仅能让幼儿的肌体得到锻炼，而且科学、合理的生活制度能使幼儿保持愉快的情绪状态，养成良好的习惯。另外，多种多样的体育活动能促使幼儿快速地思考，勇敢地行动，乐观地克服困难，充分体验成功，从而发展主动性，形成坚强勇敢、开朗自信的良好个性品质。

体育为智育、德育、美育的实施创造了良好的条件。人的大脑是心理活动产生的物质基础。幼儿大脑和神经系统的生长发育与良好的机能，是对幼儿进行智育、组织幼儿进行智力活动的必要前提。体育通过合理安排幼儿的生活可以保证幼儿神经系统的活动处于良好的机能状态，使幼儿精力充沛，注意力集中地参与活动。同时体育活动也可以提高幼儿神经系统反应的灵敏度，为对幼儿进行智育提供良好条件。体育也可以促进德育和美育的实施。在体育中，培养幼儿克服困难、勇敢、合作等良好的品质，正是德育的任务；从美育的角度看，体育也是一种人体美的教育，在体育中，帮助幼儿认识与体验人体的动作美与姿势美，培养健美的体态与姿势，正是在帮助幼儿感受、领悟与创造人体美。体育对于智育、德育、美育具有促进作用。

3. 体育关系到国家与民族的未来

体育可以为幼儿终身发展奠定良好的身体素质基础，它不仅关系到每个幼儿的未来发展，而且关系到国家与民族的未来发展。今天的幼儿是明天社会主义事业的建设者和接班人。幼儿体育直接关系到这些未来的建设者与接班人的身体素质与工作能力，关系到中华民族体质的提高，关系到整个国家与社会的兴旺发达。所以，必须重视幼儿的体育，为幼儿的一生健康打下良好的基础，促进民族素质的提高。

（二）幼儿体育的任务

幼儿体育的任务是促进幼儿身体正常发育和机能的协调发展，增强其体质，培养其良好的生活习惯、卫生习惯和参加体育活动的兴趣。

1. 促进幼儿身体的正常发育和机能的协调发展，增强体质

幼儿体育的首要任务就是促进幼儿身体正常发育和机能的协调发展，增强其体质。通过训练幼儿走、跑、跳、钻、爬、投掷、攀登等基本动作，使他们的动作协调、姿势正确，提高幼儿的身体素质。由于幼儿的神经系统对肌肉的调节作用比较小，动作不协调、不灵活，所以要有计划地通过基本体操、体育游戏等体育活动，使儿童进行基本动作练习，从而使儿童的动作更加正确、协

调、熟练、灵活自如。提高有机体各器官、各系统的生理机能，促进幼儿身体正常生长发育，是幼儿体育的重要任务。

2.培养幼儿良好的生活习惯和卫生习惯

良好的生活习惯和卫生习惯是保持和增进幼儿健康的必要条件，也是一代新人必须具备的素养。教师应该为幼儿提供必要的帮助和指导，使幼儿学会照料自己的生活，养成良好的生活习惯和独立生活习惯，提高其自我保护的能力。这不仅能增进幼儿的身体健康，而且有利于幼儿良好品质和行为习惯的养成，同时也为今后的独立生活打下良好的基础。

3.培养幼儿参加体育活动的兴趣

体育教学活动不只是一种技能的训练，也不是一个简单的游戏，而是可以使幼儿树立保护身体健康的责任意识，能够巧妙地运用自己的能力，满足模仿、运动、娱乐、交往、竞争、审美等多种需要，促进其智力、个性、品德、审美情趣、交往能力等多方面的发展的一种活动。同时，体育教学活动也是增强体质的重要手段，是培养幼儿良好体育锻炼习惯的主要动力。在体育教学活动中，教师应该注重使幼儿身心和谐地发展，让幼儿在发展"身"的同时获得"心"的积极发展，只有这样，幼儿才能获得真正意义上的健康。

幼儿体育的上述三项任务不是彼此孤立的，而是相互影响、渗透的。

三、实施幼儿体育的途径和方法

（一）利用自然因素积极锻炼幼儿的身体

自然因素是指空气、阳光、水等。利用这些因素锻炼幼儿的身体，能提高幼儿对外界环境的适应能力，增强幼儿对疾病的抵抗力。利用自然因素锻炼幼儿的身体主要有两条途径。一是配合日常的生活和活动，让幼儿坚持户外活动、早锻炼、散步、开窗睡眠，用低温水（以为宜）洗脸、洗手、洗脚等。二是开展专门的"三浴"体格锻炼活动，即组织专门的空气浴、水浴和日光浴组织。但组织此类活动必须注意要循序渐进和持之以恒。另外，在这类活动中要注意照顾个别体质弱的幼儿。

（二）制定和执行良好的生活制度

在生活护理方面，教师应该为幼儿创设安全卫生的生活环境，为学前儿童制定合理的生活制度并帮助其执行，从而使其形成良好的卫生习惯和独立生活能力。首先，要保证幼儿有充足的睡眠时间。幼儿每天的睡眠时间一般不应低于 12 小时，其中，午睡时间应不少于 2 小时。要让幼儿养成按时睡觉按时起床的习惯。同时，还要培养幼儿整理床铺、把衣服鞋袜整齐放在固定地方的好习惯。其次，要培养幼儿的良好饮食习惯，包括愉快进餐、正确使用餐具、定时定量、不偏食、不边吃边玩、不吃零食等习惯。最后，要培养幼儿良好的卫生习惯，包括饭前便后洗手，每天洗脸、洗脚、刷牙，经常理发、剪指甲、擦鼻涕，正确使用手绢，保持服装的整洁及环境整洁等习惯。

（三）创造良好的生活和活动环境

在幼儿的生活和活动环境上，幼儿园要尽量做到"四化"，即净化、绿化、美化和儿童化。尤其是活动室和休息室要做到通风、采光、大小合宜，湿度和温度适宜，并符合安全和卫生要求。为幼儿创造一个优美的生活和活动环境对保护和增进幼儿的健康具有十分重要的意义。另外，幼儿的生活用具应当具有幼儿的特点，要便于幼儿使用，特别是桌椅的高矮要合适，因为这直接关系到幼儿是否能形成正确姿势和健康发育。

（四）以游戏的形式开展多种多样的体育活动

根据幼儿的年龄特点和身心发展水平，适合幼儿的动作练习主要有四种，即基本动作的练习（如走、跑、跳、投、攀、钻、爬等）、基本体操的练习（如徒手操、轻器械操、模仿操等）、队列队形的练习、体育游戏。幼儿身体锻炼应当以尊重幼儿生理发育的水平为前提。幼儿身体的各个方面都尚未发育完全，因此，应当避免采用运动员常用的专项性的身体素质训练，例如，用连续上举杠铃等方法来训练上肢和躯干部位肌肉，用长时间练习弯腰和压腿等方法来提高腰椎关节和髋关节的柔韧度等；还要避免进行专门性的、枯燥的、不断重复的身体练习，以防止体育锻炼的小学化和成人化。所以，幼儿体育活动应该多采用游戏形式。体育游戏在幼儿全身心投入的情况下能训练幼儿的基本动作，同时，还可以提高幼儿的速度、力量、耐力、灵敏性、协调性和柔韧度等身体素质。幼儿身体素质得到发展，有利于提高锻炼效果、增强体质。体质得到增强以后，反过来又可以促进幼儿基本动作的发展。

（五）重视对幼儿进行健康教育

对幼儿进行健康教育，也是幼儿体育工作的重要内容。健康教育的主要目标有：使幼儿心情愉快地生活与学习；使幼儿了解健康生活的基本知识，养成健康的生活习惯；使幼儿了解安全生活的基本知识，培养自我保护的意识与能力；培养幼儿参加体育活动的兴趣。教师应当在保护幼儿身体健康的同时，促进每个幼儿的心理健康发展。根据每个幼儿的实际情况适当地给予幼儿表现自我的机会。适当的自我表现是自信、自尊的重要来源。自信的幼儿能够以更好的方式对待挫折；自尊的幼儿能够更自觉地避免做出不良行为。自信、自尊是幼儿幸福快乐成长的重要因素。

第二节　幼儿智育

一、幼儿智育的基本概念

幼儿智育是幼儿全面发展教育的重要组成部分。在促进幼儿身心全面发展的教育体系中，智育主要指向于人的认知发展过程，以加深幼儿对周围环境的认识，培养其对于认知活动的兴趣及认识习惯，发展智力为目的。所以，幼儿智育就是按照幼儿认识活动的特点与认知发展的规律，以加深幼儿对周围环境的认识，培养其对于认知活动的的兴趣和认识习惯，发展智力为目的所进行的教育活动。在了解幼儿智育基本概念的同时，我们还需要注意区分以下几个概念。

（一）知识

知识是人类生产和生活经验的总结。知识是各种各样的，如物理知识、化学知识、人际交往知识、管理知识等。知识增长十分迅速，以至于人们用"知识爆炸"来形容知识的增长。知识是我们适应社会和工作的基础。如果一个人没有知识，就会被社会所淘汰。

（二）技能

技能是对动作方式的一种概括，是人按一定的方式反复练习或模仿而形成的熟练动作，如绘画、打字、开车等。学习知识是掌握技能的基础。知识的多少决定着技能掌握的快慢和深浅，技能的掌握又反过来影响知识的学习，二者的联系是十分密切的。

（三）智力

智力是人认识客观世界，获取知识，并运用这些知识来解决问题的能力。儿童的智力可以表现在实际生活的各个方面或各个领域中。智力发展是认知发展的一个很重要的内容。儿童的智力发展水平代表着其认知发展的一般水平。人的认知发展会受到遗传素质、生活经验、环境与教育条件等多种因素的影响。

以发展智力为目的的智育，是影响幼儿认知发展的重要因素，可以为幼儿的认知发展创造良好的条件。

二、幼儿智育的意义

（一）满足幼儿的认知需要

幼儿不仅有身体活动的需要、交往的需要，也有认知的需要。幼儿时期是人的求知欲十分旺盛的时期。幼儿对周围环境中的事物与现象感到好奇，他们在主动探索周围的世界时，常常向成人提出各种各样的问题。而提出问题正是幼儿求知欲的表现。在与周围环境相互作用的过程中，幼儿也在主动地根据自己已有的经验去理解客观事物和现象的意义。但是这种认识往往是片面的、零散的，甚至是不正确的。幼儿依据这种认识形成了在成人看来是"天真幼稚的理论"。对待幼儿的这种认知需要与认知的积极性，成人应当在尊重与理解的基础上对其进行引导和支持。教育者的责任是积极主动地、不失时机地引导与支持幼儿的认知活动，满足幼儿的认知需要，加深幼儿对周围环境的认识，进而促进幼儿智力的发展。

（二）促进幼儿智力的发展

关于人的智力发展，一个传统的观点是，人的智力是由先天因素决定的，后天的智力发展只不过是先天预成的智力在后天逐渐显现出来，环境与教育的作用微乎其微，充其量只能对这种先天预成的智力的显现速度与程度产生影响，而不能对智力发展本身产生任何积极的影响。这种观点在20世纪60年代以后受到人们的广泛批评。智力发展是多因素相互作用的观点及环境与教育是影响儿童智力发展的重要因素的观点被人们普遍认同与接受。脑科学的相关研究表明，即便是人的心理活动产生的物质基础——大脑，其发展也是先天因素与后天因素相互作用的产物。

一些研究也证明了早期干预与智育的重要性。心理学家米芜凯对母亲智商在80分以下的、有智力落后倾向的高危儿童进行了早期干预（采取一定的教育措施去影响儿童的发展）研究，研究对象是3个月到6岁的幼儿，他在实验期间进行了两次智力测验，一次是在幼儿2岁时，一次是在幼儿5岁时，结果发现受到早期干预的幼儿的平均智商得分高于未接受早期干预的儿童。这项研究成果表明了早期干预或智育对幼儿智力发展的影响，被人们称为"米芜凯奇迹"。

大量研究表明，幼儿期是人的智力发展最快的时期，也是智力发展的重要时期。如果人在的智力发展最快和最重要的时期，缺乏良好的环境条件与教育影响，大脑的发育和智力的发展就会受到抑制。从这个意义上来说，幼儿智育对于幼儿的智力发展具有重要的影响。幼儿智育就是要在人的智力发展最快和最重要的时期，促进幼儿的智力发展，为幼儿的智力发展创造良好的条件。

（三）为体育、德育和美育的实施创造良好的条件

智力是顺利地进行任何活动的必要条件。例如，在德育活动中需要人的认知活动的参与。道德认识是人的道德品质的基本结构因素。所谓道德认识，就是对是非、善恶的认识与理解。要想让幼儿懂得什么是对的，什么是错的，那么，幼儿本身智力发展首先要处于一定的水平。即便是在体育活动中也需要认知活动的参与。例如，从高处往下跳，既需要勇气与胆量，又需要智慧，需要儿童能够迅速判断高度与自己能力之间的关系以及动作的安全性。这就涉及空间、距离的知觉与判断力。智育通过发展幼儿的智力为其他各育的实施创造良好的条件。

（四）智育促进社会的进步与发展

一方面，智育可以为幼儿的终身发展和未来的学习与工作奠定良好的智力发展基础。它不仅关系到每个幼儿今后的发展，而且关系到社会的进步与发展。智育通过发展儿童的智力，可以提高未来社会主义建设者与接班人的工作能力，促进社会物质文明与精神文明的建设。一个国家要跻身于世界强之林，就必须使自己的人民具有良好的文化修养和智力素质。要在一个文盲人数众多的国度里，建设一个现代化的社会主义强国是不可能的。所以，智育关系到社会主义现代化的建设问题。

另一方面，幼儿智育通过对处境不利的幼儿或智力发展有缺陷的幼儿的早期干预，可以预防智力障碍儿童的产生。它还可以弥补智力发展缺陷，使智力障碍幼儿能够自理自立地生活。这不仅对于儿童未来的人生和他们的家庭幸福来说具有重要意义，而且可以减轻社会的负担。

三、幼儿智育的任务

发幼儿智育的任务：培养幼儿正确运用感官和动手操作能力，发展和运用语言表达的基本能力，提高其对环境的认识，培养有益的兴趣和求知欲，发展幼儿智力。

（一）发展幼儿正确运用感官的能力和动手操作能力

幼儿智力发展的首要条件是感知觉的发展。他们直接依靠对周围事物和现象的感知和操作来思考。感知觉是幼儿同周围环境发生相互作用的重要中介。幼儿通过感知觉接触、了解周围世界。所以，许多幼儿教育研究者都十分重视对幼儿进行感知觉训练，以发展幼儿的视觉、听觉、触觉、味觉、嗅觉等。这是幼儿进行更深层的智能活动的基础。感知觉发展好的幼儿或者动手能力强的幼儿，对事物有浓厚的兴趣、好奇心，探索的需求也比较强烈。所以教师要在保证幼儿安全的前提下，鼓励幼儿多联系、运用多种感官来探索事物，引导幼儿在摆弄实物的前提下，发展其感知觉和动手能力，已达到对事物的完整认识。

（二）发展和运用语言表达的能力

语言是交际的工具。幼儿时期是口头语言发展的重要时期。发展幼儿的口语交际能力是智育的重要任务。在幼儿园，教师应该培养幼儿运用语言和他人交往的能力，创造条件和机会让幼儿多说话，让他们讲述自己所见过的事物、现象以及自己的体验、感受、想法和要求，发展幼儿的语言表达能力。

（三）培养幼儿有益的兴趣和求知欲

幼儿对周围的许多事物都充满好奇心，有着强烈的探索愿望，这种好奇心使幼儿对什么都感兴趣。他们的兴趣和求知欲具体表现为什么都想摸一摸、动一动。教师要注意和保护幼儿的这一特点，把智育活动与幼儿自身的兴趣结合起来。

（四）发展幼儿智力

感觉的发展是智力发展的首要条件。注意力和观察力也是很重要的影响智力发展的因素。强调发展幼儿的智力，并不意味着可以忽视幼儿知识的获得。事实上，幼儿获得知识的过程与智力发展的过程是紧密相连的。因为幼儿在获得知识的过程中，调用了各种感官参与其中。幼儿现有的智力水平促进了知识的获得，知识获得的过程又提高了幼儿现有的智力水平。尤其是在教师帮助幼儿对所感知的现象进行概括、分析的过程中，在帮助幼儿整理对有关事物、现象的认识的过程中，在帮助幼儿对相关知识进行分类和概括的过程中，智能因素参与其中且自身也获得了发展。

四、实施幼儿智育的途径和方法

（一）创设良好的环境

一般来说，幼儿学习的环境有两类：一是幼儿生活在其中的客观现实的大环境，二是教育者为达到一定教育目标而创设的专门学习环境。教师应该合理地综合运用这两类环境来为幼儿智育服务。幼儿的思维能力是在和环境的交互作用中得以发展的，实践活动是这种交互作用的重要方式。因此，教师应有效地利用客观现实的大环境，创设良好的教学环境，引导幼儿与其积极地发生作用，从而增长幼儿的知识，发展其能力。

（二）在游戏中发展幼儿思维

游戏是幼儿喜爱的活动。受兴趣的驱使，幼儿积极地开展思维活动。儿童游戏的内容、形式、时间和参加成员的变化、发展，说明了游戏所反映的现实关系在不断变化，社会生活中的实质性问题逐渐地在游戏中得以体现。因此，游戏的发展变化反映了幼儿思维水平的变化。在游戏中，创设解决问题的情境，提出需幼儿思考的课题，能促进幼儿思维发展，提高幼儿独立地解决问题的能力，而不盲目地接受别人的暗示和影响。

（三）保证必要的探索时间

幼儿来自不同的家庭，各自积累的经验互不相同，在各种不同文化背景下，其在认知发展上存在个别差异，这些都使得幼儿各自具有不同的学习形式、学习速度和认知策略。如在学习速度上，有的幼儿对教师的要求领会得快，尝试两三次就能掌握；有的幼儿仅依靠教师的语言讲解还不能领会，必须通过亲身反复实践才能掌握。因此要给每个幼儿足够的时间和机会去探索学习。美国著名的教育心理学家布卢姆提出：只要有足够的时间和机会，每个儿童都能达到高水平的学习。

（四）用正确的语言进行启发和引导

一方面，教师的语言要富有启发性。语言表述要正确，提出的问题要前后有序，引导思路也应步步深入。思维通常是与问题联系在一起的，但不同的提问设计对幼儿思维发展的作用是不同的。教师的启发性提问，可以激发幼儿的积极性，指引幼儿的探索方向，发展幼儿的抽象逻辑思维。为此，启发性提问应具有以下一些特征：有助于打开幼儿的思路，使幼儿有可能做出多种回答；促使幼儿迅速作答，从多角度来认识事物；引发幼儿产生问题，围绕问题展开观察、操作、思索活动；帮助幼儿整理知识，促进其抽象思维能力的发展。

另一方面，教师还要善于运用语言引导幼儿发现问题。因为意识到问题的存在，是思维发展的起点。爱因斯坦认为，提出一个问题往往比解决问题更重要，因为解决问题也许只是数学上、实验上的技能问题、知识问题，而提出新问题，从新角度看旧问题则需要创造力、想象力。所以，教师要注重运用语言引导幼儿发现并提出问题。

第三节　幼儿德育

一、幼儿德育的内涵

德育有广义和狭义之分。目前，在我国教育理论界，既有学者主张广义的德育概念，认为德育包括思想教育、政治教育、法制教育和道德教育等；又有学者主张狭义的德育概念，认为德育只是道德教育。《中国大百科全书·教育》认为"德育者施加系统的影响，把一定的社会思想和道德转化为个体的思想意识和道德品质的教育"就是德育。幼儿德育又是中小学德育的基础，因此幼儿德育主要指幼儿道德教育，即培养幼儿道德性的教育。所谓道德性，又称为德性或品德，是指"道德主体的品质"，强调主体在道德上的状态和特性。德育过程不仅是个体接受外界影响的过程，也是个体对道德不断建构的过程。鉴于此，幼儿德育的定义如果反映了外界对个体的影响过程，那么也应该反映个体对道德的建构过程。

幼儿时期是人的社会性、道德品质和个性形成与发展的重要时期。维果茨基的发展心理理论认为：学前期是一个人最早产生道德规范、形成道德准则的时期，在这个时期，儿童开始建立对世界、对社会、对自己乃至对身边一切事物的基本概念。在这样一个时期对幼儿进行德育具有重要意义。

（一）帮助幼儿适应社会生活

人们生活在社会中，必须按照一定的社会生活准则（包括道德行为规范）来为人处事。了解和掌握这些社会生活准则，是人的社会性发展的重要内容。了解这些社会生活准则并用来指导自己的行为，有助于人适应社会。然而，这些社会生活准则不是先天就存在于人的头脑中的，而是来自外部的。德育可以使是外部的社会意识与行为准则转化为个体的思想意识与行为准则，可以帮助年轻一代更好地适应社会生活。幼儿德育同样也具有这种社会化功能。幼儿虽然还不能够理解抽象的道德概念与政治理论，但是他们在与周围的成人和同伴的交往的过程中，必然会遇到如何与人交往、相处的问题。这就为对幼儿进行德育提供了可能性与必要性。德育可以帮助幼儿了解和掌握社会生活的基本行为准则，学习和掌握社会交往技能，帮助幼儿适应社会生活。

（二）促进幼儿个性健康发展

道德品质、性格、意志等是重要的构成人的个性的因素。这些因素作为"非智力因素"，对一个人的发展与成才起着十分重要的作用。它们不仅参与人的智力活动，对人的学习活动起着促进、定向、维持、调节与强化的作用，而且影响人的社会生活，影响着个体在群体中的地位和受欢迎程度，影响着个体的心理健康。幼儿德育的重要任务之一，是要培养幼儿"诚实、自信、友爱、勇敢、勤学、好问、爱护公物、克服困难、讲礼貌、守纪律等良好的品德行为和习惯，以及活泼开朗的性格"。这对于促进幼儿个性健康发展具有重要意义。

（三）促进社会主义精神文明建设

社会主义的现代化建设，不仅包括物质文明方面的建设，而且包括精神文明方面的建设。这两个方面的建设都需要有理想、有道德、有文化、有纪律的社会主义事业的建设者和接班人。年轻一代的精神风貌体现了社会的文明程度和民族精神，对我国未来的社会风貌有重要影响。德育在社会主义事业建设者和接班人的培养中，起着塑造人"灵魂"的作用，对于社会主义精神文明建设具有重要的意义。

人的品德要从小培养。幼儿时期是人的品德与行为习惯形成的重要时期。在这一时期，他们容易接受外界环境的影响与熏陶，并留下深刻的印象。这一时期的德育，可以为人的终身发展奠定良好的品德基础，对人的一生都会产生重要的影响。

二、幼儿德育的任务和内容

（一）幼儿德育的任务

幼儿德育的任务是国家根据幼儿身心发展的特点，幼儿教育的整体性、一致性和国家现行的教育标准来制定的。幼儿德育的任务是"萌发幼儿爱祖国、爱家乡、爱集体、爱劳动、爱科学的情感，培养诚实、自信、友爱、勇敢、勤学、好问、爱护公物、克服困难、讲礼貌、守纪律等良好的品德行为和习惯，以及活泼开朗的性格"。

（二）幼儿德育的内容

幼儿德育以幼儿德育任务为依据，在人际关系与交往、集体生活、道德品质、自我意识、个性品质以及爱家乡、爱祖国、爱劳动等方面对幼儿进行合乎幼儿年龄特点的培养与教育。幼儿德育的内容主要如下。

1. 文明礼貌教育

文明礼貌教育主要培养幼儿待人接物的文明行为。文明行为是最基本的社会性行为，它既能反映人的教养水平，也是社会精神文明建设水平的外部表现。文明礼貌教育要从儿童很小的时候就开始进行，以养成文明的行为习惯为目的。对幼儿进行的文明礼貌教育的内容主要包括：①培养幼儿礼貌待人的态度与行为习惯；②培养幼儿关注社会生活的态度与文明行为。

2. 友爱教育

同伴关系是幼儿生活中重要的人际关系之一。同伴关系是否良好会影响幼儿的生活与发展。对幼儿进行友爱教育的目的在于帮助幼儿掌握同伴交往的基本技能，培养幼儿尊重、关心和理解他人的态度与能力，使其学会分享、合作、谦让、助人等良好行为。其主要内容如下：①培养幼儿积极交往的态度与能力。包括鼓励幼儿主动与他人交往，培养与他人交往的兴趣，使其能够恰当地运用多种方式（包括言语的或非言语的方式）来表达自己的想法、态度与情感，并且能够注意倾听他人的谈话，了解倾听的意义，根据他人的言语、表情、姿势、动作等来理解别人的想法与感情，能站在别人的角度去体会别人的情感等。②帮助幼儿学习分享、合作、谦让、助人等良好的行为。这些行为是以基本的交往或沟通能力为基础发展起来的，符合一定的社会期望并对他人、群体或社会有益的行为，在一定程度上具有道德评价的意义。

3. 集体生活教育

幼儿从家庭进入幼儿园使幼儿生活环境发生重大变化。教师要帮助幼儿逐步适应幼儿园新的生活环境，习惯在集体中生活。对幼儿进行集体生活教育的目的包括：①使幼儿喜欢上幼儿园，习惯于和家人短暂分离；②遵守集体生活的基本规则，对集体有归属感、认同感，并且愿意为集体做事，具有初步的责任感。教师在对幼儿进行集体生活的教育时，应循序渐进，逐步提高要求。

4. 培养幼儿诚实、勇敢的品质

诚实的品质就是以老实的态度对待人和事，说实话、不说假话、不随便拿别人的东西等。成人应注意从小培养幼儿诚实的品质。成人要为幼儿树立好榜样，不在孩子面前撒谎、弄虚作假；要满足幼儿合理的愿望与要求。

幼儿的勇敢主要表现在积极参与各种活动，不怕羞、不胆怯，能经受住一定的苦痛，勇于克服自己在生活和学习中遇到的困难，能够自己想办法解决力所能及的问题等方面。

成人应当鼓励幼儿积极参加各种活动，根据幼儿现有的身心发展水平，提出适合于幼儿年龄与个体特点的任务与适当的挑战，使幼儿有机会得到锻炼，体验克服困难后产生的成功感和愉悦感，增强幼儿的自信心。

5.培养幼儿自信、活泼开朗的性格

自信、活泼开朗的性格都是积极的个性品质，它们可以推动幼儿积极主动地与周围环境中的人与事物相互交往，有利于促进幼儿与周围的人们形成良好的人际关系，有利于幼儿适应环境，愉快、健康地生活。

幼儿自信、活泼开朗的性格的形成与成人对待他们的态度有关。过多地限制和过多地批评幼儿，甚至滥用惩罚，会影响幼儿对自身的认识与评价，造成幼儿自卑消极甚至恐惧压抑的心理状态。成人对待幼儿应以积极的鼓励与肯定为主，发现并欣赏每个幼儿的优点与潜能，帮助幼儿认识自己的优点与潜能，支持、鼓励幼儿大胆地表达自己的意愿、想法与感受，使幼儿有机会展现自己的能力，增强他们的自我价值感与自信心。

6.萌发幼儿爱祖国、爱家乡、爱劳动情感

幼儿是社会主义事业的建设者和接班人，从小萌发幼儿爱祖国、爱家乡、爱劳动的情感，可以为爱国主义的思想品德的形成奠定良好的基础。萌发幼儿爱祖国、爱家乡、爱劳动的情感要逐步扩大范围。要萌发幼儿爱祖国、爱家乡的情感，就应当从培养幼儿热爱身边亲近的人开始；要培养幼儿爱父母、爱老师和同学的情感，让幼儿体验到父母、亲人和老师、同学对他的爱；从爱身边的亲人开始，逐步扩展到爱周围的人。

三、道德品质的构成要素

道德品质是一个综合性概念，由道德认识、道德情感、道德意志、道德信念、道德行为五个要素组成。

道德认识主要是指人们对伦理关系以及调节伦理关系的道德理论、原则和规范的认识，也可以说是人们所具有的道德观。道德认识包括道德经验的积累、道德价值观念的形成、道德理论知识的掌握以及对道德原则和规范的理解和把握。道德认识是形成道德品质的首要成分，并且是形成其他道德成分的思想基础。没有道德认识，人就不可能形成某种道德品质。尽管有人可能对自己的道德认识并没有充分的自觉，但这种认识在他的道德品质构成中仍然是存在的。

道德情感是伴随着道德认识所出现的内心体验和主观态度，表现为倾慕和鄙弃、爱好和憎恶以及同情、羞耻、信任、快乐、痛苦等情感体验。道德情感不是孤立存在的，它的形成和发展变化不仅需要以道德认识为基础，而且需要在道德实践中不断陶冶。道德情感一旦形成，就会成为一股稳定的力量，积极影响人们的道德行为。其作用主要有三个：首先是调节作用，即人们以某种情绪态度来强化或弱化个人的某种道德认识和道德行为；其次是评价作用，即人们以赞赏、鄙视、愤懑等情绪表明对某种道德关系和道德行为的评价态度，从而影响到人们的道德认识和道德行为；最后是信号作用，即通过各种表情动作来表现自己行为的价值或对他人行为的态度，在道德关系或人际交往中起沟通信息的作用。道德情感一旦形成，就会积极调节和影响人的观念和行为，强化或弱化人们履行某种伦理义务的道德意义。

道德意志是人在具体道德情景中抉择道德行为时的决心和毅力。这种精神力量主要源于明确的道德认识和强烈的道德情感，同时也源于个性心理素质。在道德品质的诸多构成因素中，道德意志的主要功能，是依据某种道德认识和道德情感，果断地确定道德行为的方向和方式，投入能量，并抑制和排除来自内部和外部的干扰和障碍，长时间地专注于既定的行为和目标的实现。如果没有顽强的道德意志，一个人就很难将道德认识转化为道德行为，更不可能终身保持高风亮节。因此，在社会实践和道德修养中，自觉磨炼道德意志，就成为培养和塑造个人道德品质的关键环节。

道德信念是指人们认识和了解道德规范后，在自身强烈的道德情感驱动下，对履行某种社会道德义务产生的强烈的责任感。道德信念一旦形成，就具有相对的稳定性和持久性。

道德行为是指人在道德意识的支配下做出的具有道德价值的社会行为。道德行为必须基于行为者自觉认识而做出的行为选择，必须是在影响他人和社会的同时也影响自身的、具有善恶意义的行为。道德认识、道德情感、道德意志、道德信念全部属于道德意识范畴，是影响、指导，甚至是决定道德行为的内在力量，但还不等于道德行为本身。一个人如果仅仅停留在这些阶段，而不去通过自己的行为履行道德义务，那只能说他具有某种道德意识，还不能说他已具有某种道德品质。只有当他不仅具有某种道德意识，而且将道德意识转化为道德行为，并形成行为习惯时，才能说他具有某种道德品质。

处于幼儿时期的儿童已具有具体、简单、粗浅的道德认识，但对于人和事的道德判断有很强的依赖性和模仿性，往往以成人的标准为标准。所以脱离了现实中的交往活动，幼儿就难以形成自己的道德认识、道德情感、道德意志、道德信念和道德行为。唯有在与他人的交往过程中，在实际的互动过程中才能形成道德品质。如果只是一味地对幼儿讲道理，不给幼儿参与活动和体验的机会，就不可能帮助幼儿形成良好的道德品质。因此，教师要对幼儿进行道德品质的教育，就必须创造条件，组织各种交往活动，以促进幼儿良好道德品质的形成。

四、幼儿德育的途径和方法

（一）优化教育环境，注重德育教育的隐性渗透

美国教育家班杜拉认为：人的行为的变化不是由个人的内在因素单独决定的，而是由它与环境相互作用的结果来决定的。为此，幼儿园应重视通过合理创设环境来实施幼儿德育。教师应改变过去单纯地为美化活动室而布置环境的观点，从幼儿不同年龄的特点出发，考虑其全面发展的需要和不同个性的差异，为幼儿创设一个整洁、温馨、舒适而富有教育意义的环境。除了为幼儿创设了一个良好的物质环境外，国家还要注重为幼儿提供一个良好的社会环境。

（二）将德育渗透到幼儿各种活动中去

根据幼儿的年龄特点，通过一系列活动，使德育与其他教育活动融为一体，使幼儿在良好的环境、愉快的气氛中受到教育，是幼儿德育的良好途径。例如，节日、生日等特殊的日子往往能激发幼儿快乐的情绪，提高他们的参与游戏兴趣。在这个时间对幼儿进行教育，更易于幼儿接受。游戏是幼儿最喜爱的一种教育形式。在游戏中，幼儿可以随心所欲地想、做，有机会来表现各种能力。例如：在玩"幼儿园"的角色游戏的过程中，幼儿轮流当"教师"，模仿教师的动作，回答小朋友的问题等，他们的好奇心得到了满足，玩得很开心；在表演游戏中，幼儿通过扮演几种小动物角色，自己编故事、讲故事，一会儿当"小鹿"、一会儿当"小羊"等，并把学到的礼貌用语也编进了故事里；等等。游戏为幼儿创设了一个轻松愉快、自由、平等的学习环境，既愉悦了幼儿的身心，又收到了良好的德育效果。

（三）善于抓住契机，在日常生活中随时随地进行德育

由于幼儿无意注意、无意记忆的能力较强，其注意力易被偶然的事物所吸引，所以对幼儿进行德育要善于捕捉时机，做到随人、随地、随物、随时利用

各种机会，将德育与生活实践结合起来，随时随地地进行教育。例如，在某幼儿随家长参观了名胜古迹后，在师生晨间谈话期间，教师可让他给大家介绍并鼓励他把纪念品带到教室让同伴欣赏；在幼儿进餐时，教师可根据不同菜谱向幼儿介绍蔬菜名称及其生长特点；在幼儿盥洗时，教师可向幼儿讲解我国水资源的紧张状况，教育幼儿要节约用水。

（四）在良好的家庭环境中促进幼儿道德品质的发展

幼儿期是人生的启蒙期，是塑造健康人格和形成良好道德素质的重要时期。家庭环境会给幼儿人格打下难以磨灭的烙印。著名文学家老舍曾饱含深情地说过，从私塾到小学到中学，教他的老师起码有一百位，但是对他影响最深的是他的母亲。他的母亲虽然并不识字，但是对他进行的是生命的教育。可见家庭环境对幼儿德育的影响很大。

（五）教师应以身作则，做幼儿的表率

幼儿具有很强的可塑性和模仿能力。他们模仿的最直接的对象是教师，他们对教师的言谈举止观察最细，感受最深，而且不加选择地模仿教师的言行。在幼儿园里，我们经常可以听到孩子们为自己的言行辩解："老师就是这样说的。"为了给孩子们树立良好榜样，教师要从自身做起，严于律己，凡是要求孩子做到的，自己应先做到，并且经常自我检查，在孩子们面前勇于承认自己的错误。

可以说，培养幼儿良好的道德行为、习惯，是一项长期而重要的工作。作为一名幼儿教育工作者，必须遵循德育原则，运用多种形式和方法，适时地向幼儿进行德育，以表扬鼓励为主，坚持正面教育，对幼儿的良好行为及时给予强化。幼儿园还要建立与家庭、社会之间的联系，共同负担起教育下一代的责任，把幼儿培养成为全面和谐发展的新一代。

第四节 幼儿美育

一、幼儿美育的内涵和任务

（一）内涵

美育主要指向于人的审美能力的发展，是以培养和发展人的审美能力为主要目的的教育活动。其主要培养受教育者对美的形态、结构等的感受、鉴赏、

创造的能力，培养其正确的审美观点、高尚的审美情操，使其得到精神上的满足与愉悦，最终达到人格的完善。审美能力的发展是人全面发展的重要内容。我国的教育目的是培养全面发展的人，即在体、德、智、美诸方面得到充分发展的人。所谓在美的方面得到充分发展，就是使审美能力得到充分发展。一个人如果没有一定的审美能力，无法感受和鉴赏美的事物，也不知道如何表现美和创造美，甚至美丑不分、以丑为美，那么，他算不上一个全面发展的人。人的审美能力主要是通过美育来得到培养的。幼儿美育就是按照幼儿美感发展的特点，以培养幼儿感受美和表现美的兴趣和能力为目的的教育活动。

幼儿美育的目标可分为两类。第一类是较为具体的目标，那就是美育必须促进幼儿对美的敏感性以及审美感受、审美表现与创造能力的发展。虽然审美是他们的天性，但是，若不加以保护和培育，这种天性仍然可能被现实社会不恰当的教育所毁灭。因此，为保护并促进幼儿的审美能力发展，教育者有必要通过审美欣赏和审美创造两条途径来对幼儿实施符合其身心发展规律的美育。其中，艺术活动是幼儿美育的主要领域。第二类目标可为将来幼儿成为一个人格健全的人打下良好的基础，是幼儿美育的终极目标。人的心理发展包括知、情、意三个方面的发展。美育的功能就在于"怡情养性"，使人具有高尚的情操和崇高的理想。因此，从小对儿童进行美育，通过对其审美能力的培育，可以和智育、德育共同推进儿童整体的、健全完善的人格的发展。

（二）幼儿美育的任务

1.培养幼儿的审美情感

为幼儿提供美的事物，让他们能够理解美的形式所包含的意义，就能激发他们的情感体验，让他们从直觉开始，产生最初的审美情感，并将此情感一直贯穿于整个审美活动过程中。

2.培养幼儿的审美感知

培养幼儿的审美感知实际上就是积极引导幼儿去亲身感受和体验现实生活和周围自然环境中的美，使其对美变得敏感起来，能在平常的事物中、生活中感受美、发现美。

3.培养幼儿的审美想象力和创造力

幼儿在感受美的基础上，在情感的驱动下，会产生表现美的欲望和行动。幼儿表现美的核心是幼儿的想象力和创造力。幼儿以自己的方式表现自己对美的独特体验和理解，产生新的想法、创造出新的形象。

二、幼儿美育的实施

（一）通过创设园所环境来开展美育

园所环境对幼儿有着重要的审美价值，也对幼儿产生着重要的、潜移默化的影响。因此，幼儿园应该遵循美的原则（此外还有其他原则，如教育性原则等）来设计和布置园所环境，使园所环境中充满美、富含美的内容，使幼儿能很容易地发现审美对象。这样，园所环境就起到了美育的作用。园所环境主要包括园所物质环境、园所精神环境两个方面。这两个方面都对幼儿美育产生重要的影响。所谓美的园风，就是指美的物质环境和美的精神环境的统一。因此，园所环境美化的总体目标是形成一个美的园风，使园容、园貌及所有人员的精神面貌都展现出时代的美。

园所物质环境主要包括三个方面。①场院环境。主要指建筑物以外的场地、院落等，一个鸟语花香、绿树成荫、碧草铺地的场院环境能给人以美的感受，既能反映幼儿园的风貌，又适合儿童的审美情趣。②廊道环境。廊道环境是指建筑物内及建筑物与建筑物之间的通道、走廊。廊道环境只做到"洁"是不够的，它必须充分发挥其美育作用，必须是美的，当然必须是适合儿童审美情趣的美。幼儿园可以通过有童趣的装饰、布置，还可以通过灯光设计，使廊道环境生动有趣；也可以用植物加以点缀，如吊兰等，使廊道环境展现生命力。③室内环境。室内环境是幼儿的主要生活和活动环境。井然有序就是一种美。当然，幼儿园还应该根据幼儿的年龄特点加以美化。对于室顶装饰、墙面设计和布置、室内设备安置，幼儿园均应以美的原则加以整体考虑。总之，室内环境应是一个能吸引幼儿并使幼儿产生愉快感受的环境，应是整洁合理的。

心理环境是园所精神环境的一方面。良好的园所能展现出人际美的精神环境，当园所所有的工作人员都精神焕发、朝气蓬勃、主动热情、礼貌诚恳、相互合作、真诚友善时，幼儿能感受到工作人员之间关系的融洽，并在自己的活动中展现这种美。

（二）通过艺术教育进行美育

艺术教育作为一条重要的美育途径一直为我国乃至世界许多国家的幼教界广泛采用。这种美育途径的具体形式主要包括音乐舞蹈的、美术的及文学的教育。幼儿园的艺术教育主要通过音乐活动、绘画活动、手工制作、文学作品欣赏、表演活动等来得以实施。这些活动可以发展幼儿的听觉、视觉、触觉、身体感觉等的综合审美感知，让幼儿被歌曲、旋律、舞蹈、绘画、工艺品、诗歌、

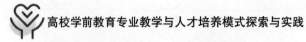

童话故事等所感染，产生情感体验，并激起幼儿用节奏、色彩、线条、形体等来表达美、创造美的欲望和行动。

（三）在幼儿的日常生活中进行美育

美育的实施不应仅仅局限在艺术活动层面。教师还可在幼儿的日常生活是进行美育。幼儿最初的美感是从日常生活开始的。因为日常生活中的美是幼儿最接近、最熟悉、最容易感知的。因此，幼儿美育应当贯穿于幼儿的整个生活中，与幼儿的生活密切结合在一起，应注意引导幼儿发现周围生活中平凡的人和事物的美。

第四章　学前教育课程

学前教育课程是实现学前教育目标的手段。一方面，它是学前教育课程设计者的价值取向和教育观念的反映，因而和观念形态的教育有着依存关系，并促使观念形态的教育转化为实际形态的教育；另一方面，它又是一个面向实际的可操作的框架，直接对学前教育实践产生影响。可以说，学前教育课程是联系学前教育理论与实践的桥梁或中介。正因为这样，学前课程问题成为当前学前教育理论和实践都非常关注的热点问题。但是，无论是在课程研究领域还是在课程实践领域，人们对于课程的基本概念并没有形成一个统一的认识。本章的讨论就从分析学前课程的基本概念入手。这里需要指出的是，学前教育课程从广义上说，应该包括各种学前教育机构的课程，如托儿所课程、幼儿园课程等。而目前，幼儿园是学前教育最主要的代表，研究者对学前教育课程的研究也多局限于幼儿园课程，因此笔者对学前教育课程的讨论也主要针对幼儿园课程。

第一节　学前教育课程的界定

一、学前教育课程的内涵

（一）课程的词源

对于课程，存在着许多种定义，每一种课程的定义都隐含着某种哲学假设和价值取向，隐含着某种意识形态以及对教育的某种信念。

通过对课程的词源进行追溯，可以发现，中文中"课程"一词始见于唐代。唐代孔颖达在《五经正义》里为《诗经·小雅·巧言》中的"奕奕寝庙，君子作之"一句注疏："以教护课程，必君子监之，乃得依法制也。"南宋朱熹在《朱子全·书论学》中也有"宽着期限，紧着课程"及"小立课程，大作工夫"等语句。这里的课程具有包含所分担的工作的程度，学习的范围、时限、过程等意思。

在英语中，课程（curriculum）一词源于拉丁语"currere"。西方国家用名词解释该词的词义："跑道"即"学程"，课程的含义是为儿童设计的学习的轨道；用动词解释该词的词义："奔跑"即"学习的过程"，课程的含义是儿童对自己学习经验的认识。

（二）课程的不同定义

①课程就是教育内容的科目。这是最狭义的课程的概念。如陈侠在其《课程论》中提出："课程可以理解为为了实现各级学校的教育目标而规定的教学科目及其目的、内容、范围、分量和进程的总和。"

②课程是一种计划或方案，如"课程是指教育者为了达到一定的教育目的，而为学生设计的学习内容、学习经验、学习活动的计划或方案"。这种定义强调教育者的意图和计划性。

③一种观点是，课程是知识。这是较早、影响较深远的一种观点。这种观点的基本思想：学校应该从相应的学科中精心选择开设每门课程，而且应该按照学习者的认识水平加以编排。作为知识的课程通常表现为课程计划、教学大纲（课程标准）、教科书等看得见、摸得着的客观存在物。当课程被认为是知识并被付诸实践时，其一般特点有：课程体系按照科学的逻辑进行组织；课程是社会选择和社会意志的表现；课程是既定的、先验的、静态的。

④课程就是学习经验，如"课程是学习者在学校里获得的一切有目的、有计划、有组织的经验""课程是学习者在学校里获得的全部经验"。这两个定义稍有不同，前者更强调教师的计划性，后者则包括不在教师设计之内的所谓的"隐蔽课程"。但是，它们的共同之处在于，不仅把课程看成一种预先的计划，更强调学生实际获得的经验，也就是课程的"可实现性"。当课程被认为是经验时，其一般特点有：课程往往是课程设计者从学习者的角度出发进行设计的；课程是与学习者的个人经验相联系、相结合的；课程强调学习者为学习的主体。

⑤课程就是学习活动。这是一种比"课程是经验"更加新颖的观点。这种观点的基本思想：课程是人的各种自主性活动的总和，学习者通过与活动对象的相互作用而实现自身各方面的发展。这种观点的特点有：强调学习者是课程的主体以及学习者作为课程主体的重要性；强调以学习者的兴趣、需要、能力、经验为中介来实施课程；强调活动的完整性，突出课程的综合性和整体性，反

对过于详细的分科教学；强调活动是人的心理活动产生发展的基础，重视学习活动的水平、结构、方式，特别是学习者与课程各因素之间的关系。

（三）学前教育课程的概念

自 20 世纪 50 年代以来，我国关于学前教育课程比较有代表性的观点有三个。①学前教育课程是指幼儿园所设的科目，如体育、语言、常识、计算、音乐等。这种说法是我国从苏联引进的，强调系统知识的价值。②学前教育课程能反映幼儿园某一门科目的客观规律的整体教育结构，也能反映幼儿园整体教育规律的总体结构。③学前教育课程是指幼儿园教育活动的总和。

从当前学者的观点看，更多人倾向于认为学前教育课程是一种经验或活动。例如：美国当代幼教专家斯波戴克提出学前教育课程是"教师为在园儿童提供的有组织的经验形式。包括正规的（各种作业）和非正规的（游戏和日常生活）两种经验"。我国也有学者认为学前教育课程是"帮助幼儿获得有益的学习经验，促进其身心全面和谐发展的各种活动的总和"。结合以上分析和当前《幼儿园教育指导纲要（试行）》（以下简称《纲要》）精神，笔者将学前教育课程界定为，学前儿童在学前教育者安排下所进行的一切有计划、有组织、有目的的在教育机构内外的所有学习经验或活动的总和。

二、学前教育课程的种类

（一）分科课程与综合课程

分科课程是一种单学科的课程组织模式，它强调不同学科门类之间的相对独立性，强调一门学科的逻辑体系的完整性。从课程开发角度来说，分科课程坚持以学科知识及其发展为基点，强调本学科知识的优先性；从课程组织角度来说，分科课程坚持以学科知识的逻辑体系为线索，强调本学科自成一体。因此，分科课程具有以下优点：第一，有助于突出教学的逻辑性和连续性，是学生简捷有效地获取学科系统知识的重要途径；第二，有助于体现教学的专业性、学术性和结构性，从而有效地促进学科尖端人才的培养和国家科技的发展；第三，有助于组织教学与评价，便于提高教学效率。但是，分科课程容易导致教育者轻视学生的需要、经验和生活，容易导致忽略当代社会生活的现实需要，容易割裂学科彼此之间的联系，从而缩小了学生的视野，限制了学生思维的广度。我们应该承认现行的分科课程这些缺点是比较突出的。

综合课程起源于 20 世纪初德国的合科教学，是针对学科课程只向学生传授知识，不能解决实际问题，脱离实际生活，忽视人的情感等心灵世界的种种缺陷而被提出的一种课程类型。综合课程倡导者主张按照学生的兴趣、爱好，组织学生学习一定的课题。综合课程是一种双学科或多学科的课程组织模式，它强调学科之间的内在联系性，强调不同学科的相互整合。单从学科本身的发展来看，分科课程与综合课程两种课程组织形式各有其存在的价值，因为学科的发展呈现出分化和综合并驾齐驱的趋势。

（二）显性课程与隐性课程

显性课程是有计划的、有组织的学习活动，包括学前教育工作者为了实现学前教育目标而精心设计的一切教育活动。显性课程主要通过课堂教学来获得知识和技能。儿童在显性课程中获得的主要是预期性的学术知识。隐性课程则是无计划的、无组织的学习活动。学生在这样的学习活动中主要获得的是隐含于课程中的经验。隐性课程主要通过环境（包括物质环境、社会环境和文化影响等）来获得知识、态度和价值观；在隐性课程中，儿童获取的主要是非预期性的知识。

显性课程与隐性课程之间存在着内在联系。一方面，在显性课程实施的过程中常常伴随着隐性课程；另一方面，隐性课程也在实施的过程中不断地转化为显性课程。

三、学前教育课程的基本价值取向

（一）承认儿童童年生活的独特性

在人们传统的观点里，儿童是"乳臭未干"的"小黄毛"，幼稚而无知，对于这些孩子，成人要么不去理会，要么用暴力来"修理"他们。这实际上是对儿童的误解、小觑，甚至不承认儿童有他们自己的思想，有他们自己的世界。儿童的思想世界不是由成人灌输给他们的，而是他们自己构建的。成人往往不知道，儿童只要醒着，便积极主动地构建着他自己的思想世界。毕加索曾说过："每一个儿童都是艺术家。"儿童喜欢涂涂画画，即使是在穷乡僻壤没有纸、笔、颜料的孩子也会用一粒石子、一块小砖头或者一小段树枝在墙壁、路面、沙滩上绘出自己心中的独白或梦想。学前教育应当尊重儿童的本能。在儿童的活动不至于影响自身健康和他人权利的情况下，成人应当尊重儿童自发的游戏，尊重儿童看似荒唐的梦想，尊重儿童那些能够反映自己发展特点的创作主题和创作方式，尊重儿童反映自己本性的生活需要，并通过游戏、欣赏文学作品、艺术创作等活动来适当满足儿童的这些需要。只有成人同情、理解、欣赏儿童的生活，才能真正做到给儿童松绑，还儿童自由，使儿童真正获得解放。

（二）从科学世界回归生活世界，突显儿童整体性

人只有在生活中才具有存在的价值与意义。一切脱离了生活的内容与形式都必将扭曲人的世界观。儿童之所以越来越不像儿童，是因为儿童本是属于儿童世界的，但置于科学世界与成人世界中的课程剥夺了儿童拥有自己世界的权利。要将这个权利还给儿童，让儿童回归自己的世界，就要将课程与教学重置于儿童的现实生活世界中。

因此，首先，课程与教学要源于儿童的生活。要从儿童在生活中所表现出来的兴趣与爱好来选择课程的内容，尝试避免由分科课程带给儿童抽象的生活的情况出现。其次，课程要融入儿童的生活。课程要能够从生活中来再回到生活中去。儿童不断地内化在生活中积累的经验后，就会形成对于世界新的理解，并能在理解中发现并解决生活中存在的问题。最后，课程要指引儿童的生活。课程要源于又要融入儿童的生活。但儿童的生活不全是积极的、有益于儿童发展的。由于儿童缺乏一定的知识经验，易受他人与社会的不良影响，因此，课程与教学也应在生活之中纠正儿童所表现出来的不良倾向，指引儿童向着积极健康的生活方向发展。

（三）整合个人与社会之间的张力，追求主体的个性化发展

一方面，人是社会的人，如果不归属某个社会群体，人就不能成为人。人的社会性是社会在育人、培养人的过程中在人性中的深层体现，它是人的合作、同情、理解、关爱等诸类主体意识的整合。另一方面，社会是个人的社会，每个人的自由发展是一切人自由发展的条件。个性得到尊重、提升与完善的程度是一个社会发展程度的基本标志。所以，健全的个性体现了个人与社会的内在融合。个性发展包含了社会性的发展。追求个性发展成为当今世界课程改革的重要价值取向。

现代教育是按照理性原则得以组织起来的，由此导致的结果是，个人与群体间原本水乳交融的有机关系变得支离破碎，人际间的合作、理解、关爱、同情、友谊日渐衰微。学生可能取得很好的学业成绩，却是以牺牲人格健全发展为代价的。学校变成了培育个人主义的温床。人类社会要摆脱危机，需要恢复个人与社会彼此之间原本相濡以沫、其乐融融的关系。1990 年 9 月 29 ～ 30 日，159 个国家的代表聚集纽约联合国总部，举行了首次有关儿童问题的国际首脑会议。这也是有史以来规模最大的一次全球性首脑会议。这次会议通过了《儿

童的生存、保护和发展世界宣言》（以下简称《宣言》）。《宣言》描绘了理想的儿童生活："世界上的儿童是天真、脆弱且需要依靠的。他们还好奇、主动且充满希望。儿童时代应该是欢乐祥和的时代，是游戏、学习和成长的时代。他们的未来应在和谐和合作中形成，他们应在拓宽视野和获得新经验的过程中不断成熟。"《宣言》还庄重指出："但是对大多数儿童来说，童年的现实与此却大相径庭。"所以，教育者要引导儿童自由地发展个性，并在发展个性的过程中实现对社会的适应和改造。

第二节　学前教育课程的编制

一、学前教育课程编制的基本模式

（一）目标模式

20世纪初，由于受到工业和科技进步的影响，欧洲和北美洲出现了一股追求"功效"和"唯科学主义"的潮流。在工业领域，典型的代表是在美国产生的著名的以行为主义、实证科学为基础的，采用科学化目标管理方式的经典模式———泰罗制。这一模式能够使每个工人都处于自己工作效率最高和生产能力最强的状态。受此影响，从1910年到1920年代期间，在教育科学研究领域也相应出现了"教育功效化运动"和"教育科学化运动"。这些运动很快影响到早期的课程研究和课程改革方向。一些教育家坚信，科学的思想方法和技术完全可以应用于课程研究，主张从"功效""经济"的角度重新审定学校课程，并进而提出采用科学方法开发课程的种种设想。其中，美国课程论专家拉尔夫·泰勒是科学化课程编制的集大成者，20世纪30年代，他在多年研究的基础上，提出了课程编制的程序、步骤和方法，并在其1949年出版的著作《课程与教学的基本原理》中，系统地阐述了目标模式的基本观点。该观点被称为"泰勒原理"。

在《课程与教学的基本原理》一书中，泰勒提出了四个著名的问题，形成了以目标为中心的课程原理。这四个问题：①学校应该达到哪些教育目标；②提供哪些经验才能实现这些目标；③怎样才能组织这些教育经验；④怎样才能确定这些目标得到实现。我们可以把其主要内容简略概括为八个字：目标、内容、方法、评价。通俗地说，就是为什么教（期望实现什么目标），教什么（选择什么教学内容），如何教（在组织和安排教材时，采用什么方法），怎样评价教的结果（检查期望达到的目标是否已经实现）。

泰勒将课程编制分为四个主要的基本阶段。第一阶段：课程编制者详细说明课程目标，即明确指出课程期望达到的目标，或明确指出期望学生做出的行为。第二阶段：根据详细的课程目标选择要提供给学生的知识。第三阶段：将提供给学生的知识组织起来，使它们彼此之间互相促进，从而产生累积效应。第四阶段：评价。在这个阶段，对课程目标在实践中的实现情况进行检查，指出已经达到的目标和需要进一步改进的方面。泰勒着重指出，课程开发是一个循环往复不断发展的过程，随着社会政治、经济和新的教育研究成果的不断涌现，课程将永远处于一种变化的状态中。

目标模式对早期的学前教育课程影响比较大，强调目标的制定和分解，主张根据目标设计教学和活动内容，并依据目标来进行评价，增强了学前教育课程设置的计划性、可控性和可操作性，但是也过于封闭和僵化。在这个体系中，教师竭力按照自己的预定计划来引导幼儿，以期望完成预期的教学计划，而很容易忽视学生在活动过程中的兴趣和需要。

（二）过程模式

20 世纪 70 年代后，不断有学者对泰勒的课程开发模式提出批评，主要批评两个方面：一是泰勒的课程开发模式过于注重目标的作用，而且用"行为目标"的方式来表达目标，必然会使某些重要的教育目的被忽略掉；二是泰勒的模式比较理想化，未必是学校里实际从事课程开发的人员所采用的。基于对泰勒模式的批评，英国的斯坦豪斯提出了"过程模式"。

1975 年，斯坦豪斯出版了他的著作《课程研究与编制导论》，对过程模式的理论做了全面的论述。过程模式是斯坦豪斯在总结自己曾经主持的一个课程实验项目的基础上提出来的。这个模式不像泰勒的目标模式那样，有一套可供遵循的程序和原则。斯坦豪斯有一些基本的观点。笔者将之概括为以下几点。

第一，学习者应处理有争议性的问题，如战争、贫穷、两性关系等，而不是像泰勒的目标模式所期望的那样，寻找出一些"公认"的目标，然后根据这些"目标"选择确定性的内容。

第二，教师不应该利用权威强迫学生接受某种观点，课堂应该成为学生的"论坛"，让他们自由地表达意见。如果学生能够在学习中做出自己的选择而不是完全听从课程编制者的安排，并能主动地在学习过程中进行探索的话，那么，学习活动对学生会更有价值。

第三，探究具有争议性的问题的方式应包括讨论，而不应以灌输方式为主。通过讨论问题，学生能形成某种能力、习惯、信念、理念或潜质，例如，培养学生批判性思维、发散性思维和创造性思维，提高其分析问题和解决问题的能力，使其养成认真听取他人意见、澄清模糊概念和拓宽本人思路的习惯。

第四，教师应该尊重学生意见上的分歧。

第五，教师作为讨论会的主席，应对教学质量负责。过程模式对教师提出了很高的要求。它要求教师是一个研究者，扎实掌握所教学科的基础知识和基本原理；正确把握与所教学科有关的社会问题；具备与学生共同探讨问题的习惯和能力；具备辨别各种概念、原理和标准的能力；培养学生提出问题、假设问题、讨论问题、分析问题和解决问题的能力；培养学生表达自己的观点、听取他人观点、反思与修正自己的观点和拓宽思路的能力。

自20世纪90年代以来，过程编制模式对我国学前教育课程编制的影响很大。例如，学前教育课程编制淡化了课程目标的预设，强调儿童活动的过程；尊重儿童在课程设置中的主体性，尊重儿童的兴趣和需要，尊重儿童的选择和创造；给予教师充分的自由，在提高对教师要求的同时，使教师在课程编制过程中充分发挥主动性和创造性。

从理论上讲，目标模式和过程模式是两种对立的模式。但是在实践中，课程编制者完全可以吸收两种模式各自的长处，以寻求课程编制在预设性和生成性之间的平衡。

二、学前教育课程的编制逻辑

课程编制的逻辑主要涉及两个基本因素。一是作为教学内容的"学问的知识结构、知识系统以及学问逻辑"；二是儿童的认知方式、认知结构和认知过程。首先，知识有其自身的生成逻辑体系。课程编制要考虑知识彼此之间的衔接，根据知识的难易程度，按照由简到繁、由具体到抽象、由已知到未知的顺序安排课程内容。这是教育家们的一贯主张。中国古代就有"不凌节而施""先其易者，后其节目"的观点。近代著名教育家夸美纽斯也提出要按由简到繁的顺序安排课程内容。同时，一些发展心理学家认为，教学应遵循学生生理、心理发展的顺序，课程内容的组织必须充分考虑到学生身心发展的阶段。例如，瑞士心理学家皮亚杰把儿童思维发展过程分为感知运动阶段、前运算阶段、具体运算阶段、形式运算阶段。他认为，儿童思维是按顺序发展的，是不可逆的，那么学习内容的安排也必须与思维发展的阶段相适应。因此，在课程编制过程中，一方面，要考虑儿童的认知逻辑和水平；另一方面，又不能丧失学科知识所具有的逻辑性和科学性。这就是课程编制中的基本原则。

三、学前教育课程编制的基本过程

（一）确定学前教育课程的目标

课程目标就是课程最终要达到的标准，是人们对教育活动效果的预期。在整个课程编制过程中，课程目标决定着课程编制工作的方向与性质、课程内容的选择与组织，它是教师实施课程的依据，也是评价课程的准则。课程目标是课程编制的重要环节。它既是课程编制的起点，也是课程编制的终点；既是课程内容选择、编排和具体教育活动组织的依据，也是进行课程评价的标准。因此，课程编制的第一步就是制定课程目标。

（二）选择和组织学前教育课程的内容

如果说学前教育课程目标是课程的灵魂，那么，学前教育课程内容就是课程的心脏，因为它是课程生命活力的体现。因此选择和组织课程内容是课程编制的核心。幼儿园课程内容的选择不是随意的，而有一定的标准。《纲要》指出，幼儿园的教育内容是全面的、启蒙性的，可以相对划分为健康、语言、社会、科学、艺术五个领域，也可做其他不同的划分；各领域的内容相互渗透，从不同的角度促进幼儿情感、态度、能力、知识、技能等方面的发展。因此，总的来说，选择课程内容应当以幼儿已有的生活、学习经验为基础，以幼儿当前的日常生活和学习活动为线索，除了要考虑内容与目标的相关性外，还要考虑内容的科学性和有效性。

（三）实施学前教育课程

在课程发展史上，许多重大的甚至影响深远的课程改革计划不是昙花一现、中途夭折，就是其实施结果与原先的理想相去甚远。为什么会出现这种情况呢？人们在反思过程中发现，许多被认为是失败的课程计划实际上并没有被实施过，或在实施时完全走了样。一项完善的课程计划并不能自然地在实施过程中达到预期的目的，评价一项课程改革计划也不能只是根据其最后的结果。此后，课程实施逐渐成为人们广泛关注的焦点问题，成为实现课程目标的重要途径。

（四）评价学前教育课程

课程编制是一项系统工程。课程编制人员不仅要通过确定课程目标、选择与组织课程内容来设计一份完整的课程计划，而且要在教育实践中实施课程计划，并不断地评价课程。课程评价是整个课程编制中必不可少的重要环节。通过课程评价，人们可以判断所实施的课程是否实现了课程目标；能在多大程度上改进学生的学习方法；在哪些方面需要进一步修正以提高学校教育的质量；等等。通过评价，若人们判断出所实施的课程具有较大或很大的价值，这套课程就会受到人们的欢迎，因而可以继续使用。反之，人们就要研究它存在的主要问题，并设法予以修正。

对于课程评价类型的区别，可以从不同的角度去分析。最常见的是按评价的功能分类，可将评价分为诊断性评价、形成性评价和总结性评价。

诊断性评价是指在教育活动开始之前，为使其计划更有效地得以实施而进行的预测性评价，其目的在于了解被评价者的基本情况，为制订教育计划或解决问题搜集资料，做好准备。在幼儿刚入园时，教师会对幼儿发展水平进行摸底，以便了解幼儿发展情况，发现其发展中的一些特点，因材施教。像这种评价就属于诊断性评价。

形成性评价又叫"即时评价"，是指在教育活动过程中对教育活动本身的效果进行的评价，目的在于及时了解教育活动过程中的情况，以便及时获取反馈信息，适时调节控制，以缩小工作过程与目标之间的差距，并通过评价研究工作过程，总结经验，及时改进工作。

总结性评价是指在完成某个阶段的教育活动之后，对其成果做出价值判断，也就是以预先设定的教育目标为基准，对评价对象达到的目标程度进行评价。这种评价的目的在于全面了解该阶段的成果，以向决策者提供信息。

第三节 学前教育课程的设计

一、学前教育课程目标的制定

（一）学前教育课程目标的层次

根据课程目标的性质及其与课程的关系，可以把课程目标分为三个不同的层次。

1. 课程的总体目标——教育目的

教育目的是一定社会对受教育者在质量和规格方面的总体要求，是教育工作的出发点和最终归宿。宏观的教育目的在各个教育阶段或不同类型的学校中往往还要有具体化的表述，即各级各类学校的培养目标。培养目标是根据国家的教育目的和各级各类学校的性质、任务，对特定培养对象所提出的要求。

教育目的与培养目标在本质上没有区别，只是概括的程度不同。怎样把教育目的、培养目标落实到学生个体的发展上呢？这就需要课程这个中介。教育目的应在课程的总体目标中得到体现。换句话说，课程的总体目标必须与教育目的相一致，必须反映特定社会对于合格成员的基本要求。这一层次的目标具有较浓厚的社会政治倾向。国家和地方的教育法规经常对这一层次的目标予以规定，对整个国家的教育和课程实践工作起导向作用。就课程设计而言，这一层次的目标与课程的关系是比较松散的、导向性的，它只决定课程的性质和方向，而不会对具体的课程计划有太多直接的影响。在总体目标相同的前提下，可以有各种不同的课程类型。

2. 学科领域的课程目标

这一层次的目标是教育目的在特定课程领域里的具体体现。国内外关于课程目标的许多研究都是在这个意义上进行的。特别是我国在阐述各级各类学校课程的目标时，所陈述的内容实际上就是学科领域的课程目标。要确定课程目标，首先要明确课程与教育目的、培养目标之间的衔接关系，以便使教育目的、培养目标在课程中能得到体现；其次要对学生的特点、社会的需求、学科的发展等各方面的问题进行深入研究，这样才有可能确定行之有效的某一学科领域内的课程目标。

3. 教育实践中的课程目标——活动目标

在我国，这一层次的目标通常被理解为活动目标。它是教育目的和学科课程目标的进一步具体化，是指导、实施和评价教学的基本依据。教育目的和学科领域的课程目标能否真正体现和落实到具体的课程实施中，主要取决于人们能否将教育目的和学科领域的课程目标科学而恰当地分解为教学实践中的课程目标。

（二）学前教育课程目标的结构

课程目标的层次是从儿童的年龄和发展水平的维度来探讨课程目标的构成

的。课程目标的结构则是从儿童心理结构的维度、教育范畴以及教育内容的维度来探讨怎样对课程目标进行分类的。

1. 儿童心理结构的维度

布鲁姆等人以人的身心发展整体结构为框架，为建立教育目标体系提供了一个比较规范、清晰的形式标准，被人们更为广泛地接纳和采用。在这个框架中，教育目标分为三大领域：①认知领域，包括知识的掌握和认知能力的发展；②情感领域，包括兴趣、态度、习惯、价值观念和社会适应能力的发展；③动作技能领域，包括感知动作、运动协调、动作技能的发展等。

2. 教育范畴角度

我国《幼儿园工作规程》中规定的保育和教育目标，基本是从体育、德育、智育、美育几个方面提出的。

体育目标："促进幼儿身体正常发育和机能的协调发展，增强体质，促进心理健康，培养良好的生活、卫生习惯和参加体育活动的兴趣。"

德育目标："萌发幼儿爱祖国、爱家乡、爱集体、爱劳动、爱科学的情感，培养他们诚实、自信、友爱、勇敢、勤学、好问、爱护公物、克服困难、讲礼貌、守纪律等良好品德行为和习惯，以及活泼开朗的性格。"

智育目标："发展幼儿智力，培养正确运用感官和运用语言交往的基本能力，增进对环境的认识，培养有益的兴趣和求知欲望，培养初步的动手探究能力。"

美育目标："培养初步感受美和表现美的情趣和能力。"

3. 教育内容领域

《纲要》把幼儿园教育分为健康、语言、社会、科学、艺术五个领域，规定了每一个领域的教育目标。

健康领域目标："身体健康，在集体生活中情绪安定、愉快；生活、卫生习惯良好，有基本的生活自理能力；知道必要的安全保健常识，学习保护自己；喜欢参加体育活动，动作协调、灵活。"

语言领域目标："乐意与人交谈，讲话礼貌；注意倾听对方讲话，能理解日常用语；能清楚地说出自己想说的事；喜欢听故事、看图书；能听懂和会说普通话。"

社会领域目标："能主动地参与各项活动，有自信心；乐意与人交往，学习互助、合作和分享，有同情心；理解并遵守日常生活中基本的社会行为规则；

能努力做好力所能及的事，不怕困难，有初步的责任感；爱父母长辈、老师和同伴，爱集体、爱家乡、爱祖国。"

科学领域目标："对周围的事物、现象感兴趣，有好奇心和求知欲；能运用各种感官，动手动脑，探究问题；能用适当的方式表达、交流探索的过程和结果；能从生活和游戏中感受事物的数量关系并体验到数学的重要和有趣；爱护动植物，关心周围环境，亲近大自然，珍惜自然资源，有初步的环保意识。"

艺术领域目标："能初步感受并喜爱环境、生活和艺术中的美；喜欢参加艺术活动，并能大胆地表现自己的情感和体验；能用自己喜欢的方式进行艺术表现活动。"

（三）学前教育课程目标的表述

1. 学前教育课程目标表述方式

课程目标的表述方式多种多样。归纳起来，最常用的课程目标表述方式有两种，即用教师所做的事来表述和用幼儿的行为变化来表述。

用教师所做的事来表述课程目标是指从教师的行为出发，说明教师应该干什么。例如，"启发幼儿学习……""为幼儿提供……"等。

从幼儿的角度来表述课程目标是指说明幼儿通过学习应该达到的发展目标。例如，"知道简单的安全和保健知识并能够在生活中运用""喜欢参加游戏和各种有益的活动""能发现周围环境中有趣的事情和问题""注意倾听对方讲话，能理解日常生活用语"等。

目前，多数人主张从幼儿的角度来表述，以促使教师的注意力向幼儿转移，克服以往教育中教师较多注意自己"教"的行为，而忽略幼儿的"学"和"学的效果"的倾向。

2. 学前教育课程目标表述形式

学前教育课程目标表述形式包括行为目标、展开性目标、表现性目标三种形式。

行为目标是指一系列可以观察或测量的幼儿学习行为变化的结果。每一项行为目标都应该包括三个构成要素：核心的行为、行为产生的条件和这一行为的具体内容。核心的行为是指每项目标中必须包含操作性很强的动词，如"学会""听懂""做出……反应"等；行为产生的条件是指目标要指出这些核心行为是"主动的"或"积极的"行为，还是"在教师的指导下"或在特定的情景中发生的行为。有关基础知识和技能方面的目标的表述采用行为目标形式比较有效。

展开性目标关注的是幼儿的思考问题和解决问题的过程，而不是特定的行动结果。培养幼儿解决问题的能力和激发幼儿的兴趣等方面的目标的表述采用展开性目标的形式比较有效。

表现性目标是指幼儿在参与某种活动后所得到的各不相同的结果。它关注的是幼儿在活动中表现出来的某种程度的创造性反应，而不是预设的幼儿行为变化的结果。例如：幼儿可以清楚连贯地描述自己过生日的情景，表达自己的愉快心情；仿照作品的结构，用诗的语言形式表述个人经验；初步了解竹子的特征，讨论竹子的用处；等等。培养幼儿想象力、创造性等方面的目标表述采用表现性目标形式比较有效。

二、学前教育课程内容的选择

（一）学前教育课程内容的范围

1. 关于自己及周围世界的粗浅的知识经验

幼儿园教育的基本任务是使幼儿获得基本的生活和学习经验，掌握与他们生活和学习相关的学科的基础知识；促进幼儿身心各方面得到充分而和谐的发展，以适应未来社会发展对人才的要求。因此，课程设计者所选择的课程内容应包括使幼儿成为未来合格公民所必备的生活和学习的基础知识和基本技能。对于儿童来讲，学习周围世界的粗浅知识，不但能帮助自己认识自己生活的环境，还能适应环境，发展自我。

2. 关于基本的活动方法的知识技能和经验

做事情一定要掌握好方法。用对了方法，则会达到"事半功倍"的效果。大大小小的诸多活动构成了学前儿童一日的生活和学习活动。从大的方面说，有生活活动、学习活动、游戏活动。从小的方面说，这些活动又可分为许多小活动，如睡眠、进餐、值日、劳动、观察、交流、实验、体育锻炼等，每一种活动都有一定的方法。如果学前儿童用对了方法，就能做到游刃有余。

学前儿童需要了解和掌握的基本活动方法往往存在于他们经常进行的活动中，即在交往中学会交往、在劳动中学会劳动、在游戏中学会游戏、在观察中学会观察。教师只要认识到了这一点，就能抓住时机，充分发挥活动的各项价值。

3. 关于发展儿童各种能力的经验

常言道："授人以鱼，不若授人以渔。"能力是顺利完成活动的一种必备的心理条件。我们可以在《纲要》提到的每个领域目标中提炼出一种关键的能力。例如：可以在健康领域目标中提炼出生活自理能力及自我保护能力，在语言领域目标中提炼出倾听和表达能力、在社会领域目标中提炼出交往能力，在科学领域目标中提炼出思维能力，在艺术领域目标中提炼出创造能力。只有抓住这些关键能力的培养才能保证每一个领域的长远发展。

儿童能力的发展是在"做中学"的过程中实现的。例如：交往能力是在交往的过程中发展起来的；表达能力是在运用语言的过程中发展起来的。因此，教师要创造条件，鼓励儿童进行游戏、艺术创作、实验、观察、交往等活动，在活动中促进儿童能力的发展。认识能力的核心是思维能力。正所谓："问则疑，疑则思。"所以，儿童的思维能力会在解决问题的过程中表现出来并得到发展。

4. 关于可以帮助儿童形成良好的情感态度的经验

情感是人对客观现实的态度体验，能够反映客观事物与个体需要之间的联系，具体表现为爱憎好恶、喜怒哀乐等，是人类特有的高级而复杂的体验。积极的情感是个体发展的持续动力。在儿童学前期，学习兴趣、自信心、责任感、独立性、合作精神、友好、尊重、同情等都是教育者应着重培养的情感态度。

那么，如何培养学前儿童良好的情感态度呢？从原则上讲，情感态度不是"教"出来的，它是伴随着活动而产生的一种体验。学前儿童积累类似的经验多了，就能形成比较稳定的情感态度倾向。因此，创设良好的情境，在情感体验中陶冶情感，是幼儿阶段培养良好的情感态度的有效途径。

（二）学前教育课程内容的要求

1. 内容的目标达成性

所谓目标达成是指所选择的内容必须有助于实现课程目标。这是因为课程内容是实现课程目标的手段。课程目标一旦确定，就在一定程度上为课程内容选择提供了一个基本的方向。选择内容时要时刻把握这个方向。按照这一标准，在选择幼儿园课程内容时需注意以下几点。①有目标意识。在选择内容时，首先要考虑的问题是"我所选择的内容是为了实现哪一项或哪几项目标的"，将那些有助于实现目标、能够使幼儿获得满足感、符合幼儿认知发展水平的学科知识纳入课程内容中。特别是在增加新的内容时更要有目标意识，要首先分析这项内容是否与目标有关联、有什么样的关联等。②要选择多项内容来达到同一目标。许多目标并不是学前儿童仅仅通过某一项内容的学习就能马上达到的，往往需要学前儿童通过多项内容的学习才能达到。所以，在选择内容时还需考虑"哪些内容可以促进这一目标的实现"。③同一项内容应尽可能产生多种效果，指向多项目标。内容和目标之间往往不是一一对应的关系。因此，在选择内容时还需要考虑"我选择的这一内容可以达到哪些目标"。

2. 内容的基础性

幼儿园教育的基本任务是使幼儿获得基本的生活和学习经验，掌握与他们生活和学习相关的学科的基础知识；促进幼儿身心各方面得到充分而和谐的发展，以适应未来社会发展对人才的要求。因此，所选择的课程内容应包括使幼儿成为未来合格公民所必备的生活和学习的基础知识和基本技能。但由于当代社会信息日新月异，要让幼儿获得全部的信息是不可能的，所以，教育者必须使幼儿掌握最基础的知识和技能，初步激发他们对知识本身的学习兴趣，让他们初步掌握学习知识和技能的方法。课程内容的基本标准要求课程编制者将具体、简单的知识和相关的事实作为幼儿园课程的首选内容。

3. 内容的适切性

课程内容的适切性是指课程内容既要符合幼儿的发展水平、是幼儿力所能及的，又要贴近幼儿生活、是幼儿喜闻乐见的。幼儿园课程内容的选择要考虑幼儿的身心发展水平。课程内容既要适合幼儿的一般发展水平和一般年龄特点，又要适合幼儿发展的个别差异。目前国内外大量的研究已经使人们对幼儿在认知、能力、情感和社会化等方面的年龄特点和一般发展顺序有了一个比较清楚的认识。这些研究成果给课程内容的选择提供了重要的依据。同时，不同的幼儿会以完全不同的方式对同样的情境做出反应，他们在体质、兴趣、需要、能力等方面也不完全相同。因此，课程内容要反映和适应个体差异。课程设计者既要为所有幼儿准备他们都需要学习的课程内容，又要为有特殊需要的幼儿提供特殊的内容。

课程内容还要贴近幼儿已有的生活、学习经验。这是由幼儿学习的直观形象性和认知发展的特点所决定的。因此，课程内容应该是为当时、当地特定幼儿群体准备的，应具有地域特色。课程设计者既要选择那些各地都适用的内容，又要选择那些能反映当地特色、当地幼儿园特色的内容。

4. 内容的发展性

科技的进步、时代的发展和知识的更新应该在幼儿园课程中有所反映。这是幼儿园教育现代化的要求，也是幼儿发展的要求。课程设计者应坚持内容的发展性原则。课程设计者在选择课程内容时，要删除过时的、错误的知识，增加与幼儿实际的生活和学习密切联系的新知识。例如：在选择有关"科技产品"方面的内容时，就需要以"彩色电视机""电脑"代替"黑白电视机""半导体"等；以"无人售票车""双层车"代替"有轨电车"等。

三、学前教育课程的组织

（一）学前教育课程的组织原则

1. 纵向组织原则

在教育史上，最有影响的课程组织原则是纵向组织原则。纵向组织要求考虑知识的序列性以及儿童心理发展的逻辑性。首先，根据知识的难易程度，按照由简到繁、由具体到抽象、由已知到未知的顺序安排课程内容，是教育家们的一贯主张。中国古代就有"不凌节而施""先其易者，后其节目"的说法。近代著名教育家夸美纽斯也提出要按由简到繁的序列安排课程内容。其次，发展心理学家认为，教学应遵循学生生理、心理发展的内部顺序，课程内容的组织必须充分考虑到学生身心发展的阶段。例如，瑞士心理学家皮亚杰把儿童思维发展过程分为感知运动阶段、前运算阶段、具体运算阶段、形式运算阶段。他认为，儿童思维是按顺序发展的，是不可逆的，那么学习内容的安排也必须与思维发展的阶段相适应。

2. 横向组织原则

在 20 世纪 70 年代以后，社会发展要求年轻一代能综合运用多学科知识；一些教育家要求打破学科的界限和传统的知识体系，他们提出了课程内容的横向组织原则。强调把课程内容与学生的生活经验有效地联系起来，要使学生有机会更好地探究社会和个人最关心的问题。这种课程组织原则关心的是知识的广度及知识的应用，而不是知识的深度和知识的形式。如果真按这种原则来组织课程内容，那么就对教师提出更高的要求，要求教师精通或熟悉各门学科的内容。即教师应有广博的知识背景才有可能组织好课程。

纵向组织原则强调使学生获得系统的学科知识，关注的是知识的深度。横向组织原则却偏重于知识的广度，注重使学生获得多方面的知识以适应社会发展的要求。事实上，这两条原则在课程设计者具体组织课程时都有其适用性。课程设计者可以针对具体课程目标、课程内容灵活运用这两条原则。

（二）学前教育课程内容的组织

1. 以学科为中心的组织形式

学科课程，在我国也称分科课程，是一种与经验主义课程相对立的课程。在教育理论上，学科课程受要素主义教育理论的指导。这种课程强调按学科的体系组织教育内容，课程设计和实施的目的是使儿童学习系统的文化知识，获得和保持必要的习惯和技能。

学科课程从一定的儿童观和知识价值观出发，精心选择学科及学科知识作为课程内容，根据从易到难的原则组织和排列每一个学科的知识，形成一个多学科并行由易及难的课程内容结构体系。这一体系的逻辑起点是学科知识，而非儿童的经验，当然也并非无视儿童的经验，因为从易到难在一定程度上说也是考虑到了儿童的经验。所以，这一课程内容的计划性、系统性较强，有利于儿童系统地掌握各学科的知识。从学科课程的实施进程上看，教师并不将知识作为整体让儿童去"经验"，而是分科传授、按序传授知识。由于知识的选择和组织不以儿童的经验为依据，所以，要使儿童获得相关的知识、技能、习惯，就需要依靠教师的讲授。另外，作为辅助手段或形式的游戏、生活活动等也有十分重要的作用。从中可见，学科课程注重系统的分科知识，忽视儿童的实际活动和直接经验。在学科课程实施过程中，教师较多地进行单向灌输，儿童很少会主动学习，儿童的兴趣、需要以及个性发展常被置于次要地位。教师分科传授知识割裂了儿童的各种知识之间的联系。因此，儿童很难将学习的成果进行综合、统一和迁移。

2. 以社会问题为中心的组织形式

这一课程形式是指围绕着有关社会问题的解决来组织课程内容的形式。核心课程是这类组织形式的代表。

从社会现实和儿童的需要、特点出发，选择出一个个主题，以此为核心将相关的内容组织起来，且在一定的时期内，儿童所有的学习活动都围绕这个中心来进行，这个中心就叫作核心，这样编制出来的课程就叫作核心课程。

以社会问题为中心的组织形式使幼儿园课程的内容和活动必然要和社会生活联系起来，因为社会生活对其成员会提出特定的要求，而且社会生活中也存在大量的问题，需要其成员去关注和想办法解决。以社会为中心的组织形式加强了知识之间的联系，以儿童周围生活为基础，让儿童在解决问题的过程中，了解社会与适应社会，有助于培养幼儿适应社会生活的能力，让他们关注、认识、参与社会问题的解决。

3. 以儿童为中心的组织形式

以儿童为中心的组织形式要求课程内容的组织从幼儿兴趣和需要出发，以幼儿从事某项活动的动机为中心编排内容，以幼儿的活动为主要的教育教学形式。该组织形式的特点有：①以幼儿的生活经验为依据设计课程，围绕幼儿本身实施教育教学，课程设计顺序与幼儿生活经验的逻辑顺序一致，根据幼儿的兴趣和需要选择课程内容，围绕他们从事某种活动的动机来组织活动；②注意解决幼儿当前面临的问题，不预先设定好活动内容、活动目标，在活动过程中，教师只作为顾问进行指导；③打破学科界限，围绕幼儿生活经验将各科知识中相关的部分综合起来，引导幼儿获得关于某一经验的相关学科的知识。该组织形式为幼儿提供了更多的自主活动的机会，有利于幼儿思维能力和动手操作能力的提高，也有利于幼儿个性的发展；但不能让幼儿获得系统的知识、技能，不利于人类文化的传递。因此它对教师的知识准备、组织活动等方面要求高，同时又不允许教师干预幼儿的活动，从而降低了教师的作用。

（三）学前教育活动的组织

幼儿园活动组织内容包括两个方面：一是活动内容的组织，主要指对幼儿将要获得的知识技能、学习经验及各种心理体验的排列和组合；二是活动过程的组织，包括时间的安排、空间和设备的布局等。学前教育活动可以分为集体活动、小组活动和个别活动。

集体活动是指全班幼儿在同一时间以统一要求、统一步骤和方法进行同一内容的活动，它是一种最为经济的组织形式。一般来说，针对教学内容，教师需要对幼儿进行直接指导，而且只有在幼儿对该内容具有大致相同的经验和水平时，才能采用集体活动的组织形式。然而，幼儿是具有个别差异的，集体活动难以照顾到每个幼儿的需要，难以让每个幼儿都积极参与进来，因此，在幼儿园过多地采用集体活动是不合适的。

小组活动是指由少数幼儿组成小组进行活动。小组活动可以是教师有计划安排的或组织引导的，还可以是幼儿自发进行的。教师有计划安排的或是教师组织引导的活动，可被称为分组活动。分组的依据一般有：不同的具体活动内容、幼儿的经验水平及幼儿和教师人数等。小组活动是相对于集体活动而言的，它的特征是人数相对较少，因而更容易让幼儿主动积极地操作材料，和同伴、教师谈论与交流，并可按自己的速度和方式去做所自己需要做的事。在小组活动中，以幼儿的主动学习为主，教师的责任更多的是观察、了解幼儿并给予适当和必要的引导及帮助。如果只是采用了小组的形式，而教师统一要求、统一安排学生的小组活动的话，是不可能做到照顾差异、因人施教的，就会使所谓的小组活动与集体活动没什么区别了。

个别活动是指幼儿单独或一两个幼儿在一起进行活动。个别活动可以是教师安排和组织指导的，也可以是幼儿自发自主进行的。个别活动是幼儿的个别化程度最高的活动。教师应根据个别幼儿的特殊情况进行专门指导。

第四节　学前教育课程的实施与评价

一、学前教育课程的实施

课程实施是指对课程计划的执行过程，但不是机械的执行过程。课程目标能否实现的关键并不在于课程计划能否被"精确"实施。因为课程实施不仅是一种技术，更是一种艺术。在课程实施的过程中，既存在着一些技术性的影响因素，也存在人为的影响因素，而最终要取决于人为的影响因素。这是因为，一个课程计划通常蕴含着对原有课程的一种变革，而它的实施就是力图在实践中实现这种变革。

（一）学前教育课程实施的途径

1.通过专门组织的教育教学活动来实施

这种教育教学活动是教师依据课程目标和内容，有计划、有组织地设计和安排的活动，以引导幼儿获得良好的学习经验。它具有目标明确、内容精选、计划性强、教师的组织指导作用强等明显特点。这类活动主要用于帮助儿童获得新知识、新技能，并能积累更多经验。

2.通过游戏来实施

游戏是学前儿童最喜欢、最适合其年龄特征的活动。游戏不是一种单纯的儿童娱乐活动，而是一种具有社会意义的教育性活动，也是一种具有教学价值的社会性活动。我们不应该将游戏与教学简单地区分开来，而应该深入探讨游戏对儿童身心发展的特殊意义，看到游戏对儿童社会教育的重要价值。

3.通过日常活动来实施

培养一个良好习惯是一件持之以恒的事情。学前教育的许多目标是通过日常活动得以完成的，尤其是使儿童养成良好生活习惯，遵守社会性规范等。因此，教师要使幼儿园的一日生活教育化，在真实的情景中用先进的教育理念，把各种问题转化为教育契机，让幼儿获得长足发展。

4. 通过其他类型的活动来实施

除了上述的教学活动及游戏、日常生活活动外，幼儿园还应通过开展其他类型的活动来实施课程，如节日活动、外出活动、亲子活动、家长开放日等。

5. 家、园、社区的合作

《纲要》明确指出："家庭是幼儿园重要的合作伙伴。应本着尊重、平等、合作的原则，争取家长的理解、支持和主动参与，并积极支持、帮助家长提高教育能力。"家庭和幼儿园是孩子发展最重要的教育影响源，社区既是幼儿的生活环境，也是幼儿的学习环境。因此，幼儿园应该以社区为依托，发挥幼儿园教育的优势，构建家园与社区共育平台，促进家、园、社区幼儿教育一体化。

（二）影响学前教育课程实施的因素

1. 课程计划本身的特性

从本质上讲，编制新的课程本身就是为了改革原有的课程，而课程实施则是为了把这种改革落到实处。因此，课程计划本身的特性就会影响到课程的实施。课程计划的特性包括：①可传播性，即向各地推行的难易程度；②可操作性，即使用它们的方便程度；③和谐性，即与流行的价值观和行为方式之间的一致性程度；④相对优越性，即相对于原有的课程，新课程计划有哪些长处。如果新课程计划具有以上四个特点，那么课程实施就比较容易，也比较有效。

2. 交流与合作

课程编制者与实施者之间经常交流有关课程计划方面的情况有助于课程的成功实施。通过交流，课程编制者可以向实施者表达隐含在课程中的基本假设、价值取向，可以提供有助于课程实施的建议，传递其他地区实施课程的情况。通过交流，课程实施者可以了解其他课程实施者实施课程的情况、存在的问题以及可借鉴的经验，以取长补短。

3. 课程实施的组织与领导

课程实施要求课程实施者做出某种改变，要放弃以往熟悉的一套方法和程序。有人认为："课程实施的最大障碍就是教师的惰性。"要克服惰性，一方面，要靠有效的组织和领导。各级教育行政部门和学校领导对课程实施负有领导、组织、安排、检查的职责，要建立起一套有效的规章制度。另一方面，就要设法转变教师对新课程计划的态度，激发教师参与课程实施的积极性、主动性，使教师把课程实施看作自己的事情。

4. 教师的培训

教师是课程实施过程中的直接参与者，教师对新课程的态度、教师自身的素质将在很大程度上影响到课程实施的成败。因此，对教师进行培训，使他们明确新课程计划的实施目标、技能、方法和策略，可以减少课程实施的阻力。

二、学前教育课程的评价

（一）评价目的

幼儿园课程目标评价要明确并且突出如下三点。①在基本目标中强调"发展性"目标的评价，以促使教师真正树立"以知识技能的掌握为手段而不是目的，千方百计促进幼儿身心素质的健康发展"的理念。②在发展性目标中强调"创造性"目标的评价，以促使教师把培养幼儿创造性的认知能力、创造性的情感特征、创造性的技能技巧和创造性的人格品质等放在首位。③整体目标应体现超前性，即以婴幼儿自身为参照时，设定的幼儿发展任务要高于其现实发展水平，但要把握好度；以社会为参照时，设定的幼儿发展任务要有超前性，要符合未来社会发展对人素质的要求。

（二）评价内容

幼儿园课程内容的评价要突出以下价值判断。①内容是否对幼儿具有启发性、开放性和探索性，即：是否有利于激发幼儿积极踊跃地思考；是否有利于拓宽幼儿的眼界和拓展其思维形式；是否有利于诱发幼儿的好奇心和探索行为。②内容是否含有有利于幼儿创造性的能力特征与人格特征全面形成和全面发展的教育因子。③内容是否符合知识经济时代的科技创新观、发展多元化的全球教育观及可实现持续发展的生态平衡观。④所选的知识及知识类型、经验及活动类型是否符合关键性、科学性、丰富性、全面性、系统性、平衡性、趣味性等要求。⑤对课程内容的组织评价要以符合幼儿心理认知结构和知识内在逻辑结构的有机统一为总的取向，但是当二者已统一时，要首先以符合幼儿的心理认知结构为取向。

（三）评价主体——谁来评

我国幼儿园课程评价中存在的最大问题是评价主体的局限性。课程评价只是少数权威人士的事情。而处于教育实践第一线的教师大多只是课程评价的局外人和旁观者，更多的时候作为课程评价的对象而被评价，很少有作为评价主体参与课程评价的机会。这种情况极大地降低了我国的课程改革的速度和质量。

幼儿园课程评价应特别强调"双主体性"，即师生都是评价的主体。传统的评价观念只承认教师和教育行政人员等是评价的主体，例如，对幼儿的活动过程、活动结果以及活动环境等方面的评价大都由教师评说好坏优劣。而幼儿园课程评价则要求把幼儿也看成评价的主体。因为评价本身是一种对客观事物的反映形式，是一种有特殊价值的认识活动。评价是认知活动的高级阶段，评价水平是衡量一个人认知能力的尺度。幼儿应该得到更多的发展认知能力的机会，他们有权参与评价活动。教育工作者也应该把课程评价作为促进幼儿心智发展的重要手段之一。

（四）评价的类型和方法

按照评价的基准，可以将评价分为相对评价、绝对评价和个体内差异评价；按照评价的功能，可以将评价分为诊断性评价、形成性评价和总结性评价；按评价的方法，可以将评价分为定量评价和定性评价。为避免负面影响的产生，幼儿园课程评价一定要做到：相对评价、绝对评价和个体内差异评价相结合，诊断性评价、形成性评价和总结性评价相结合，定性评价和定量评价相结合。同时，课程评价一定要有科学、正确的评价取向和评价标准。

第五节　学前教育课程方案

一、福禄贝尔课程方案

（一）背景介绍

福禄贝尔（1782～1852年），德国著名学前教育家。1837年，在勃兰根堡开办学前教育机构，并于1840年命名为"幼儿园"。他的教育理论、教育实践和教育方法曾对西方学前教育和初等教育的变革，产生了一定的影响，其代表作有《人的教育》。

福禄贝尔受裴斯泰洛齐教育思想的影响很大，其教育哲学中最基本的信念是人类精神是自内而外发展起来的。他还深受夸美纽斯教育思想的影响，意识到幼儿教育的重要性和儿童游戏的必要性。幼儿园的创建是他的教育思想和热爱幼儿及幼儿教育事业的外部反映，也是他躬身幼儿教育实践取得的硕果和最好见证。他根据自己对幼儿本质的理解，为幼儿开发了一系列玩具——恩物；他还搜集民间儿童歌曲、游戏，选定各种作业作为幼儿的课程和教材。

福禄贝尔创办的幼儿园模式和幼儿教育思想对欧美影响很大，其教育思想在英国、法国、意大利、瑞士、荷兰、比利时和美国等地得到广泛传播。他所创立的一套比较完整的幼儿教育理论，成为后人设计学前教育课程的重要根据。

（二）理论基础

1. 福禄贝尔的哲学观

福禄贝尔的哲学观是在德国古典唯心主义哲学影响下形成的。他认为：宇宙是一个统一体，其中心是神，人只是其中一个小的统一体；教育的目的就在于揭露隐藏在人体内的"神的本原"。他强调人的教育应从儿童早期（出生至入学前）开始。他认为儿童未来"生命之树"的"胚芽"若在这时受到损害，将来需要克服极大的困难才能成长，因而提出"儿童早期是人和人类全面发展的最主要的阶段，也是教育的最重要时期"的论断。他认为儿童具有活动、认识、艺术和宗教四种本能。其中，活动本能随年龄增长而发展为创造的本能，教育就是促进这种本能发展的过程。他重视儿童的活动，认为儿童好动的天性不应横遭干涉和束缚；儿童的各种活动也不是对教师指令的消极反应，而必须是内发的、自动的活动；教师应促进儿童创造力的发展。以这种思想为指导，福禄贝尔创立了他的学前教育理论。

2. 福禄贝尔的教育观

福禄贝尔对教育目的、教育本质、教育任务、教育方法等方面的观点构成了他的教育思想的主体。他依据对"神"的力量的理解，建立了自己的教育目的观。他认为，宇宙中存在一种永恒的、万物赖以生存的自然法则，它统一着万物，是万物之源，它就是"神"。因此，教育的目的就是要唤醒人类内在的精神本性和力量，而对于个体来说，就是要培养万物统一的人生观。基于对教育目的的认识，福禄贝尔指出，教育的任务在于促进儿童的自我活动和内在本质力量的发展，挖掘儿童内在生命的潜力。他认为，儿童具有活动的本能、创造的本能、艺术的本能和宗教的本能，这四种本能是儿童内在的生命力量，是教育的依据。因此，教育就是要促进儿童的自我活动，发展儿童的创造性、艺术能力和崇尚神灵的本性。

要完成这些任务，促进儿童内在力量的和谐发展，教育就必须依据儿童发展的阶段特点来进行。福禄贝尔认为，人类的精神本质的发展是一个循序渐进的过程，由前后相关联的阶段构成，前一阶段是后一阶段的基础，前一阶段任务的实现有利于后一阶段任务的实现。儿童身上潜藏着三种特性，即自然性、人类性、神性，且这三种特性分阶段生成。因此，教育工作应遵循这种阶段性特点，逐渐发展，使儿童由"自然儿童"发展为"人类儿童"，再发展为"神性儿童"，将儿童身上所有的内在力量发掘出来。

（三）课程内容

1. 宗教教育

福禄贝尔的所有教育思想都与他的宇宙观和神统一性有着密切的关系。他认为，教育的主要任务就是要发展儿童的神性和宗教的本能。因此，宗教教育成为其课程体系最重要的组成部分。如果不完成上述任务，不引导儿童树立对宗教的信仰，教育也就失去了自身的价值。

2. 体育卫生

健康的精神寓于健康的体魄之中。重视儿童早期的体育锻炼，保证健康，几乎是所有早期幼儿教育家们共同的教育理念，福禄贝尔也是如此。与其他早期幼儿教育家不同的是，福禄贝尔既重视儿童的体育活动和锻炼，又主张向儿童传递一些知识，使其养成必要的卫生习惯。

3. 游戏活动

儿童最喜爱的活动是游戏。而游戏对儿童发展的价值早已为世人所公认。在教育史上，福禄贝尔第一次将游戏列入幼儿园课程中。他认为，游戏对于儿童来说，是一种令人愉快、自由的活动。无论是用物做游戏，还是与人做游戏，都能产生巨大的教育价值。游戏是能够增强儿童内在生命力的活动。

4. 恩物

这是福禄贝尔为儿童设计、制造的一套玩具。他根据自然界的法则、性质、形状等用球体、圆柱体、立方体、三角体等制作成恩物，并将其作为儿童了解自然和人类的玩具。恩物共有12种，其中有10种是游戏性恩物，2种是作业性恩物。每一种恩物都是六色球，球体的直径为6厘米。福禄贝尔用红、橙、黄、绿、蓝、紫各色的毛线编织成球套，在里面塞上棉花或海绵，在每一端各留一根短线。福禄贝尔创制这种恩物的目的是用其帮助儿童认识数目、方向和颜色。又由于球体代表大自然，象征着具有统一性的自然界的一切现象，从精神方面来说，这种恩物还可以用于培养幼儿圆满的人格。

5. 语言

这部分内容包括说话、听（讲）故事和童话、叙述小说、学习文法和文字等。福禄贝尔非常重视让儿童在观察自然和生活的基础上学习说话，采用直观法教学。他还选出了一些能反映伟大人物人格的小说、故事等让儿童叙述，使儿童从中理解生活的意义，学习处世立身的道理。文法是语言的规则，与文字一样是思维的工具。福禄贝尔让儿童从学习画线开始，逐渐学习字母、单词、拼法，进而学习读和写，并且经常将读和写的教学内容结合起来作为儿童学习的内容。

6. 自然科学常识

福禄贝尔重视对儿童进行自然常识方面的教育，主张让儿童在与自然环境的交互作用中学到自然知识、科学常识。

显然，在幼儿教育方面，福禄贝尔已经远远超出他之前的所有教育家。他所提出的课程思想，即使在今天看来，仍然具有价值。

（四）课程实施的方法

1. 让儿童在自由、自主的活动中获得发展

福禄贝尔认为，教育的本质在于发展儿童内在的精神力量；只有尊重儿童的自由，让他们自由自在地活动，才能使儿童的内在精神力量持续不断地发展。这种思想与现代所谓的让儿童"从做中学"的教育主张大体相似。

2. 让儿童在游戏中得到发展

福禄贝尔是教育史上第一位承认游戏的教育价值并把游戏列入课程之中的教育家。他认为游戏对儿童的发展有三个方面的价值：一是可以培养儿童的动作协调能力、与人合作的意识和行为；二是儿童在游戏中可以自由自在，获得愉悦的感受，提高教育效果；三是儿童要想玩好游戏，就必须遵守游戏的规则，所以游戏还可以培养儿童的规则意识和责任感。

3. 充分利用恩物，让儿童在操作恩物的过程中获得发展

一方面，利用恩物可以训练儿童的感官；另一方面，由于恩物的各个部分必须按照一定的规律被组合起来才具有价值，所以，儿童在玩恩物的过程中可以使他们获得统一的整体观念。

（五）对福禄贝尔课程方案的评价

福禄贝尔对游戏、作业做了系统的理论阐述，确立了游戏在幼儿教育中的地位和作用，把游戏、作业和劳动等活动作为培养、教育儿童的基本形式。他

认为，游戏是童年生活中最快乐的活动，是表现和发展儿童的自主性和创造性的最好的活动形式。成人既应允许儿童自由地、尽情地游戏，又必须注意观察和指导儿童玩游戏，从而通过游戏发展儿童的体力与智力，培养其公民意识和意志品质，进行道德教育。

福禄贝尔重视儿童对自然的接触和了解，注重劳动作业，他创制了名为"恩物"的一套玩具，并为儿童拟定了使用"恩物"进行的游戏和配有歌曲或音乐伴奏的活动游戏。这些活动为儿童以后的观察和认识活动打下了基础，有助于儿童进行艺术欣赏和创作活动，还可发展儿童的语言。作业是福禄贝尔为儿童设计的另一种教育活动形式，包括绘画、使用"恩物"和其他材料进行的各种手工活动等。他在拟定的游戏和作业时遵循循序渐进、由简到繁的原则，同时注意发展儿童的语言。

福禄贝尔使幼儿教育成为教育实际工作和教育理论中的一个独立部分，他的幼儿教育思想，促进了当时欧美等国幼儿学校的改善，推动了幼儿教育事业的发展，也影响了欧美小学教学的改革。在理论上他的某些教育思想成为杜威教育的渊源之一。

二、蒙台梭利课程方案

（一）背景

蒙台梭利是意大利著名的教育家，也是世界上第一位杰出的女性学前教育家。她先研究了缺陷儿童的诊治问题，后转而研究正常儿童的教育问题。她坚信，心理缺陷和精神病儿童，通过运动和感觉训练活动，可以使身体动作协调，使智力得到发展。她认为，儿童心理缺陷和精神病患者的主要问题是教育问题，而不是医学问题，教育训练比医疗更为有效。缺陷儿童教育的成功给了她新的启示：既然缺陷儿童通过教育能够达到正常水平，那么正常儿童通过训练和教育，不是可以达到更高水平吗？于是，她开办了"儿童之家"，转而从事正常儿童的教育工作。这是她教育生涯中的一个重大转折。她以一个社会和教育改革者的身份出现在"儿童之家"，尽最大努力打破传统的学校教育模式，不带任何先入之见，一切从观察研究儿童及其家庭环境入手；并以儿童和家长的朋友的身份热爱、关心儿童，为儿童设计各种教育方案。经过长时间的探索后，她创立了自己独特的幼儿教育理论和方法，引起了社会广泛而强烈的反响，促进了现代幼儿教育的发展。她对世界学前教育的巨大贡献不仅在于创立了蒙台梭利教育法，而且在于她以长期的宣传和实践推动了世界学前教育的发展。她的学前教育课程被后人称为蒙台梭利课程方案。

（二）理论基础

蒙台梭利课程方案的理论基础是她对儿童及其发展的理解，也就是她的儿童观和儿童发展观。她在很大程度上受卢梭、裴斯泰洛齐、福禄贝尔的自然教育和自由教育观点的影响。同时，她又根据自己的实践，对前人的观点加以继承和发展，形成了自己特殊的儿童观和儿童发展观。她认为，儿童存在着与生俱来的"内在生命力"，这种生命力是一种积极的存在，具有无穷无尽的力量，它按照遗传确定的生物学规律发展。教育的任务是促进儿童的"内在生命力"的发掘，并使之遵循着自己的规律获得自然的和自由的发展。儿童有自己的兴趣和需要，并在能动地、积极地与外界环境的相互作用中不断获得发展。教育者不应把儿童看作可以任意填充的容器，而应热爱儿童，积极观察和研究儿童，发现儿童内心的秘密，尊重儿童的个性，在儿童自由和自发的活动中促进儿童的智力、身体、个性的自然发展。儿童的发展是一个连续不断的过程，教育者应创设条件，保证和促进儿童的发展。她认为儿童具有以下特点。

1. 对环境具有一定的敏感期

蒙台梭利认为儿童对于环境具有一定的敏感期。这种敏感期与生长现象密切相关，并和一定的年龄相适应。她认为敏感是人在发展时期所具有的一种特殊能力。但一旦人获得某一特定的感受能力之后，这种特殊的感受活动就会消失。根据长期的观察和研究，蒙台梭利发现了一些心理现象的敏感期。

2. 具有吸收性心智

蒙台梭利认为六岁之前的儿童本身具有一种吸收知识的自然能力，即"吸收的心智"。借助于这种能力，儿童能通过与周围环境的相互作用和情感联系，于下意识、不自觉中获得各种文化，从而塑造个性，构建一定的行为模式。

3. 儿童发展是在工作中实现的

蒙台梭利认为活动在儿童心理发展中有着极其重要的意义。她在《教育中的自发活动》一书中指出："儿童由于内在生命力的驱使和心理的需要产生一种自发性活动，这种自发性活动通过与环境的交互作用使儿童获得有关经验，从而促进儿童心理的发展。"蒙台梭利不认为儿童最主要的活动是游戏，她认为游戏，特别是假想游戏会把儿童引向不切实际的幻想，不可能培养儿童认真、准确、求实和严格遵守纪律的品质和良好的行为习惯。在她看来，只有工作才是儿童最主要和最喜爱的活动，而且只有工作才能培养儿童多方面的能力并促进儿童心理的全面发展。

（三）课程目标、内容、方法

1.课程目标

蒙台梭利课程模式以培养儿童成为身心均衡发展的人为目标，通过作业的方式，让儿童把内在的生命力表现出来，在作业过程中培养儿童的专注力，在自由和主动的活动中让儿童自我纠正，使儿童在教育者为其创设的环境中成为具有特质的人。

2.课程内容

①日常生活教育。主要通过训练儿童日常生活自理能力，使儿童学会照顾自己、保护环境、照顾他人，通过动作的基本训练及日常礼仪训练培养幼儿的独立性、自主性、专注力、手眼协调能力和自信心。

②感官教育。主要通过训练幼儿视觉、触觉、味觉、嗅觉、听觉，进而训练儿童的观察、分类能力，使幼儿五官更敏锐。

③数学教育。主要通过由少至多的"量"的介绍，培养儿童初步的数量概念、逻辑思维能力、理解能力和判断能力，建立儿童的数学基础。

④语言教育。蒙台梭利发现儿童语言的敏感期在六岁之前，因此不但强调母语教学，同时注重培养儿童多种语言能力，特别是英语表达书写能力。

3.课程方法

在蒙台梭利课程模式中，教具繁多。这些教具并非是教师的教学工具，而是儿童工作的材料。儿童通过这些工作，从自我重复操作练习中，塑造完善的人格。

（四）教师的作用

在蒙台梭利课程模式中，教师不是传统的灌输知识的机器，而是学生学习的环境创设者、观察者、指导者。教师为幼儿精心创设环境和设计学习材料，提供必要的发展手段，保证幼儿能自由地学习。教师通过"全神贯注地观察"去发现幼儿巨大的个别差异，对幼儿的不同需要做出恰当的反应，提供必要的帮助。蒙台梭利明确指出，幼儿自由学习的质量是由教师的教学质量决定的，正是教师发挥的作用才使幼儿的自由得以实现。

（五）对蒙台梭利课程方案的评价

蒙台梭利课程方案重视儿童的内在需要，强调借助于能满足儿童内在需求的环境与活动，来促进儿童的自我发展。这是有积极意义的。但蒙台梭利课程方案毕竟脱胎于缺陷儿童的训练方案，再加上时代的局限性，使其不可避免地具有一些局限性。一方面，该方案虽然强调在操作教具时给儿童自由，但这种自由只是选择教具和选择操作时间上的自由，儿童在操作教具的方法、规则上则没有自由；另一方面，过于强调读、写、算，而忽视了儿童实际的生活经验。

三、海伊斯科普教育研究机构课程方案

（一）背景介绍

是海伊斯科普教育研究机构由美国儿童心理学家戴维·韦卡特于1970年创立。他经过30年的努力，将海伊斯科普教育研究机构建成了一个开放的、多功能的机构。

海伊斯科普教育研究机构课程是美国现代幼儿教育课程的一个重要流派。海伊斯科普教育研究机构的宗旨就是促使全世界的婴幼儿儿童、青少年获得发展，并通过培训教师和父母来帮助他们学习。近几年，海伊斯科普教育研究机构的教育方案以其广泛的适用性和可操作性受到全世界的青睐，海伊斯科普教育研究机构课程的应用已遍及世界上的许多国家。这些方案包括婴幼儿教育方案（0～2.5岁）、学前教育方案（2.5～6岁）、小学教育方案（6～12岁）、青少年教育方案（12～18岁）。在这些方案中，教育方案最先形成，也最为有名，其他方案都是在这个方案的基础上发展而来的。

（二）理论基础

该课程的理论基础是皮亚杰的儿童发展理论。海伊斯科普教育研究机构吸取现代教育学和心理学的研究成果建立起来的一种颇具特色的幼儿认知发展课程，主动学习是海伊斯科普教育研究机构学前教育方案的核心。其主导思想就是让幼儿在主动活动中学习并获得发展。主要观点有：①知识既不来自幼儿，也不源于物体，而是产生于孩子与物体的互动中；②教师在每天的工作中学习如何对待儿童和处理教室的经验，努力发现儿童的技能和兴趣。这一课程保留了皮亚杰的理论假设，强调儿童主动学习积极性的重要性。

（三）目标、内容和方法

1. 课程目标

海伊斯科普教育研究机构课程模式"以儿童的主动学习"为中心，课程的目标在于有效地促进儿童认知能力的发展。其课程目标反映了儿童认知能力的关键经验，即主动学习的关键经验、语言运用的关键经验、表征的关键经验、发展逻辑推理能力的关键经验、理解时间和空间的关键经验。

2. 课程内容

该课程的内容并没有明确地规定系统的学科知识，而是围绕各类关键经验提供各种类型的活动。该课程的内容应能使儿童主要积累与过程有关的经验，而不是与行为结果有关的经验。这些经验又分为主动学习、语言运用、表征、发展逻辑推理能力、理解空间和时间等的关键经验。

（1）主动学习的关键经验

这类经验主要包括运用所有的感官主动地探究；通过直接经验发现事物之间的关系，操作、转换和组合各种材料；设计材料活动和确立活动目的；掌握使用工具和设备的技能；等等。

（2）语言运用的关键经验

这类经验主要包括：与别人交流对自己有意义的经验；描述物体、事件和事物之间的关系；用语言表达情感；从语言运用中获得乐趣，念儿歌、编故事、倾听诗歌朗诵；等等。

（3）表征的关键经验

这类经验主要包括：通过听、摸、尝、闻来认识物体；模仿动作；把图片、照片以及模型与真实的场景和事物联系起来；玩角色游戏和装扮活动；用不同的笔绘画；等等。

（4）发展逻辑推理能力的关键经验

①分类：探究和描述事物的特征；注意并描述事物的异同，进行分类和匹配；用不同的方式使用和描述物体；描述事物所不具有的特征或不归属的类别；注意到事物一个以上的特征；区分"部分"和"整体"。②排序：比较哪一个更大（更小）、更重（轻）、更粗糙（平滑）、更响（更轻）、更硬（软）、更长（短）、更高（矮）、更宽（窄）、更暗（明）等；根据某种特征来排列物体，并描述它们之间的关系。③比较数和量：用一一对应匹配的方式来比较两个数群的数量等。

（5）理解空间和时间的关键经验

①理解空间关系：折叠、弯曲、铺开、堆积、结扎一组或一个物体，并观察由此产生的空间位置的变化；从不同的空间角度观察事物和场景；体验和描述物体的相对空间位置（如在中间、在旁边、在上面、在下面、在顶上等）；体验和描述物体和人的运动方向（如进去、出来、朝向、远离等）；体验和描述事物之间、地点之间的相对距离（如靠近、邻近、远、紧靠、相隔、在一起等）；清楚和描述自己的身体有什么样的结构，身体各部分的功能是什么；学习确定教室、幼儿园以及周围环境中物体的位置；理解绘画和图片中所表征的空间关系；识别和描述各种形状；等等。

②理解时间关系：制订计划和完成计划；描述过去的事件；用语言推测将要发生的事件，并为此做好充分的准备；按信号开始或停止一个动作；识别、描述事件的顺序；体验和描述不同的运动速度；在讲述过去和将来的事件时学习使用常见的时间单位（如早晨、昨天、小时等）；比较时间的间隔（如短、一会儿、长时间等）；观察季节的变化；等等。

3.课程方法

（1）重视一日常规的建立

海伊斯科普教育研究机构课程把一天的时间分成几个固定的时间段，包括计划—实施—回顾时间、小组活动时间、大组活动时间、户外活动时间、过渡时间。各时间段之间的转换是顺畅而自然的。海伊斯科普教育研究机构认为通过建立一日常规，可使儿童的活动具有目的性。在所有的活动中，计划—实施—回顾时间是最重要的活动时间。其重要之处在于它能提供幼儿选择自己的活动的机会。幼儿自己有学习自主权、选择学习方式的决定权及决定问题如何解决权。

这是一种能提高幼儿独立思考和解决问题的认知能力的模式。在教师的帮助下，幼儿自主、自由地计划自己将要做什么，然后把自己的计划与想法付诸实施，在实施完后，幼儿分组讨论、回顾自己的活动，并可以展示自己工作的成果。在此教学模式中，幼儿和教师同时掌握着学习的主导权，主动学习的幼儿会培养出自己的学习兴趣，遇到问题时会尝试用不同的方式解决，也乐于与人分享个人的学习心得。

可见，海伊斯科普教育研究机构课程不仅重视儿童的自发的活动，也相当重视儿童的反思与回顾。它切实贯彻了让幼儿主动学习的理念，也完全符合皮亚杰重视个体主动活动和重视个体反思的主动建构主义理论。

（2）精心创设支持性活动环境与提供丰富材料

空间是幼儿学习最基本的条件，"教室的布置反映了教师的教育观念"。让幼儿在一个具有丰富刺激但同时又井然有序的环境中学习最佳。基于这些观点，除了重视主动性学习的心理氛围的营造外，海伊斯科普教育研究机构课程也非常重视物理环境的布置和材料的挑选。

海伊斯科普教育研究机构课程要求活动室物质环境必须是吸引幼儿的，也就是必须符合幼儿身心发展的特点，材料应是丰富的，能够支持幼儿进行多种多样的游戏活动，能够有助于幼儿各种感知觉的发展，能够反映不同幼儿家庭的文化。同时，应按类存放这些材料，使孩子们能够容易地拿到这些材料并易于儿童正确地放回原处。整个幼儿教育中心通常被分成几个兴趣区，如沙水区、建筑区、积木区、读写区、记数区、分类区、木工区、玩具区等。这些兴趣区数量的多少不应是固定的，兴趣区的内容也不应是一成不变的。教育工作者可以根据各幼儿教育中心的实际情况及幼儿的兴趣而设置或改变。

海伊斯科普教育研究机构课程方案不仅给出了环境设置的基本原则，而且对每个兴趣区应被安置在幼儿中心的什么地方，在每个区应该放一些什么材料等，都有具体细致的说明，具有很强的可操作性。

（四）对海伊斯科普研究机构的评价

海伊斯科普教育研究机构课程被认为是"适宜儿童发展的教育实践"的一个例证。它注重提供材料和挑战性情景来锻炼儿童的思维能力，在强调幼儿主动学习、主动建构的同时，突出了教师的指导作用；注重师生之间的积极互动，主张教师营造的一个支持幼儿主动学习的氛围；而且海伊斯科普教育研究机构课程方案具有较强的操作性。

五、瑞吉欧课程方案

（一）背景

瑞吉欧幼儿教育体系创建于第二次世界大战后。1945～1946年，意大利政权进行重新改组，意大利民众也自力更生办起了学校。当时在瑞吉欧学前教育系统的创始人马拉古奇的带动下，意大利民众在卖掉二战德军丢掉的破坦克车、卡车、马匹等军用设备以后，依靠自己的双手一砖一瓦建立起一所新的民间学校。

自1963年起，瑞吉欧市开始建立自己的教育设施网络，创办了一些幼儿园，招收 3 到 6 岁的幼儿。到了 1967 年，所有由家长团体经营的民间学校全部由瑞吉欧市政府收回管理。从 1960 到 1968 年，经过 8 年的奋战，瑞吉欧市设立招收 3～6 岁幼儿的学校的重大政策抗争活动已蔓延到整个意大利。20 世纪 70 年代至 20 世纪 80 年代期间，意大利妇女就业的机会增加，为婴儿提供服务开始被看作每个工作家庭应该享受的权利。另外，要求将子女送进托幼机构接受照顾与教育也逐渐成为一种社会风气。因此在 1970 年，瑞吉欧市又创办了招收 4 个月至 3 岁儿童的婴儿中心。

瑞吉欧人经过长时间的探索，结合意大利传统文化，尝试运用与借鉴了很多理论，如皮亚杰和维果茨基等心理学家的建构心理学理论，杜威、布鲁纳、克伯屈等人的教育理论，从而形成了一个由特殊的、具有创新性的教育哲学、教育理念、管理方法以及环境设计方法构成的有机的整体，即瑞吉欧教育体系。该体系被视为欧洲教育改革的典范，并在当今对世界各国的学前教育产生了重要影响。

（二）理论基础

1. 欧美主流的进步主义教育

瑞吉欧教育体系的建立曾受到过许多思想家、教育家的影响，其中主要有杜威、克伯屈等一些欧洲和美国的进步主义思想家的影响。杜威是进步主义教育的代表人物，他对瑞吉欧课程的影响主要体现在三个方面。①以儿童为中心的教育理念。瑞吉欧教育体系的创始人马拉古奇说："在我们的教育体制中，最基本的就是以幼儿为中心……"教育应尊重儿童的身心发展的特点。儿童必须有自己的空间。成人不能对儿童施加权威，应成为儿童生活的引导者和支持者。②倡导民主与合作教育主张。该教育主张在瑞吉欧的儿童观、教育观以及学校实行的社区式管理中都得到充分的体现。瑞吉欧教育体系要求教师根据儿童的兴趣、需要与儿童一起开展教育活动；学校的教师、家长、社区的代表共同参与学校的决策和管理。③"做中学"的教育思想。这为瑞吉欧教育体系中"项目活动"的开展提供了奠基石，倡导由儿童自己确定活动目的、自己制订计划、自己实施活动、自己进行评价。

2. 皮亚杰和维果茨基等心理学家提出的建构主义心理学

皮亚杰的发生认识论指出，知识来源于主客体的相互作用，活动是促使儿童主动学习的基础。这种相互作用的活动观在瑞吉欧教育体系中得到了充分体现。维果茨基认为，人与人之间的交往是人高级心理发展的源泉和动力。因此，他强调社会交往在儿童心理发展中的重大作用。瑞吉欧教育体系非常重视每一位幼儿与其他幼儿、教师、家长及周围的社会文化环境之间的关系与互动。另外，维果茨基的"最近发展区"理论对瑞吉欧教育体系中的多元化教育理念、科学的目标定位、良好的教育环境及合理的评价方式等也都产生了深刻的影响。

（三）瑞吉欧课程的特征

1. 引入了方案教学

在瑞吉欧学前学校中，其课程的组织形式就是幼儿参与的、范畴广的方案探索活动。我们称之为方案教学。

这里的方案是指一个或一群儿童针对某个主题所做的探索活动。方案与我们平常所称的自发性游戏不同。因为在方案里，儿童不仅有机会亲自参与自己或自己与同伴、自己与教师共同周密设计的活动，而且儿童还必须不断尝试进行各种探索活动，努力把自己平时所积累的生活经验及一些技能、技巧运用到方案活动中。而儿童的自发游戏在持续性及一贯性上可能要比方案活动差，而且尽管儿童在玩的过程中也能有所发展，但其偶发性比较强，更强调其愉悦性。

方案（设计）教学法主张由儿童自发地决定学习的目标和内容，在儿童自己设计、自己负责实施的单元活动中获得有关的知识和解决实际问题的能力。它主张废除班级授课制，打破学科界限，强调儿童在活动中的主动性，强调教师的任务在于利用环境激发儿童的学习动力，帮助儿童选择活动的材料，教师是活动的提供者、参与者。

方案教学是以某一主题为核心向四周扩散编制主题网络、制作主题网络程序，然后根据儿童的兴趣、需要让儿童对主题网络中的不同子题目进行探索、研究的教学活动。从教的角度来看，方案教学强调要以合乎人性的方式，积极鼓励儿童与环境中的人、事、物产生有意义的互动；从学的角度来看，方案教学强调儿童主动参与他们的研究方案，以取得第一手资料。而方案的内容或主题通常要来自儿童所熟悉的生活世界。

2. 多种语言和非语言的表征系统

瑞吉欧幼儿教育体系的创建者为他们在世界各地的成果巡回展起了一个富有诗意的名字"儿童的一百种语言"。这里的语言泛指文字、动作、图形、绘画、建筑、雕塑、皮影戏、拼贴、戏剧或音乐等多种活动形式以及丰富的媒介材料。"儿童的一百种语言"意指儿童有权利也有能力运用除口头、文字语言外的诸多方式，用各种材料去认识他周围的世界，表达自己的思想、情感。这个标题包含着瑞吉欧幼儿教育的创办者对儿童无限潜能的尊重、赞赏和期待，同时也体现了瑞吉欧幼儿教育的价值追求，即发展"儿童的一百种语言"，让他们获得完整的生命经验。

3. 小组工作

瑞吉欧教育的项目活动一般采取小组工作的方式，小组一般有 3 到 5 人，有时为 2 个人。项目活动中的同伴合作体现在许多方面，例如，能力强的孩子可以向同伴提供经验或技能上的指导与支持等。小组内同伴间在发展水平上的差异不应过大，应有一个适当的距离。小组内成员既能因不同而交换和切磋观点，又不能因差异过大而出现过度的不平衡。

4. 档案支持

档案指的是对教育过程及师生共同工作结果的系统记录，包括对儿童的视觉表征活动作品以及对儿童在工作过程中具体实例的记录，如正在工作的儿童的照片、教师写的旁注、眷写下来的儿童的争论短评和对于活动意向的解释以及家长的评议等。这种档案并非简单的文字记载，而是以图画、实物、照片、录音、录像、文字说明等多种形式表现出来的，它贯穿项目活动的始终，并在活动结束后得以保存下来。这里的档案并不指一个最后的报告，文件夹中的作品收集以及帮助记忆、评价或创造的一个文件才是儿童、教师共同工作的成果。

（四）课程的组织形式

1. 阶段一：活动的发起及准备阶段

活动的发起也就是主题的提出。瑞吉欧项目活动主题没有固定的产生模式，可以源自成人的建议、儿童的讨论，也可以是成人和儿童共同协商的结果。项目活动的主题无论以哪一种方式被提出，从根本上说，主要是教师依据幼儿的兴趣和需要来确定的。儿童的兴趣和需要不仅仅指儿童在活动中的自发表现，而且包括由教师推断和引发出来的兴趣和需要。这就需要教师有敏锐的眼光，善于从儿童的活动和反应中看到蕴含在其中的学习价值。

在这一阶段，教师一方面的任务是对主题做一些经验上的准备，如制作"主题网"——教师事先依据经验和对儿童的了解，设想儿童在活动中可能产生的想法，并使用"主题网"的方式加以呈现。另一方面的任务也是其核心任务，即充分地了解、调动幼儿与主题相关的原有经验。瑞吉欧市的孩子们常常运用视觉表征活动（如绘画、泥塑等）、象征性游戏等方式来表达自己对主题的理解。利用这些方式，孩子能充分表达对主题的认识或对这一主题做出自己的假设；

教师也可以全面了解孩子的经验基础，并由此制订出下一步的活动计划。

2. 阶段二：活动的进行与发展阶段

儿童在这一阶段的主要任务在于获得新的直接经验。在这一阶段，活动在一步步地进入主题变化或情节发展的高潮，儿童在这个过程中验证自己的假设，探讨问题和事实的真相。在这一阶段，儿童的主要活动是户内外的实际操作的研究和探索的活动。通过这个活动，儿童可以全面了解事件本身或发现事件背后的规律，然后，根据观察所得的活动结果进行各种形式的表达活动。在这些活动中，孩子们为获得新经验而进行实地考察或调查研究是很重要的一步，可以说是瑞吉欧项目活动中非常典型的一个环节。当然，孩子们还可以通过查阅资料、拜访专家等途径，收集信息，获得经验。

对教师而言，这阶段的任务在于提供丰富而适宜的资源，如提供材料、暗示和建议等，同时，要让幼儿感受到自己可以随时为他们提供帮助，自己在需要时可以随时求助。

3. 阶段三：活动的高潮与总结阶段

项目活动的最后还需要一个系统的反思和总结的过程。活动反思和总结的方式是多种多样的。教师可以写活动反思，并要养成写反思的习惯。反思包括两部分内容：一部分是在组织此项目活动过程中的收获、成功之处；另一部分是通过此项目活动的组织，总结需要改进的地方及策略，重点谈感受。也可以让个别幼儿讲述自己整个活动的历程；或让幼儿在教师及同伴的帮助下整理自己在这项活动过程中的材料、绘画、照片、建构的作品，并将自己的发现介绍给家长、客人、本班或别班的孩子；或让全班幼儿集体办一个面向全园的作品展示会、戏剧表演会等。具体如何操作，要视活动的具体完成情况和幼儿的学习情况而定。反思和总结的过程实质上是让孩子以各种方式表现、展现他已具有的新的知识和能力的过程。这一阶段强调的是学习上的沟通和互动。

（五）对瑞吉欧课程的评价

在瑞吉欧课程中，教师和学生都是整个教学活动的中心。孩子成为学习的主体，而教师没有给孩子灌输现成的知识，而是提供足够的时间、空间和材料，使他们自主地创作和探索。同样教师也是中心，在这个过程中，教师作为局内人投入了极大的热情和孩子一起工作、思考，但又扮演了一个局外人的角色，始终关注着孩子的状态以及活动的进展情况，适时地、自然地根据孩子的兴趣和发展要求为他们提供各种帮助，创设问题情境，引发孩子思考，促进主题的深化。教师在局内人与局外人的角色之间相互转换，潜移默化地发挥着他们的引导作用。幼儿的知识是在师生共创的宽松、自由、融洽的活动情境中，通过自身的积极探索和教师有效的指导逐渐建构起来的。

瑞吉欧的小组工作模式既给予每个儿童充足的自主探索空间，又为他们营造了同伴间相互支持、相互学习、共同成长的团体文化氛围。同时，瑞吉欧课程鼓励儿童运用除口头、文字语言外的诸多方式，用各种材料去认识他周围的世界，表达自己的思想、情感。可以说，瑞吉欧的课程模式对于我国有着很大的借鉴价值。

六、陈鹤琴的五指活动课程方案

（一）背景

陈鹤琴是我国现代教育史上著名的儿童心理学家和学前教育专家。陈鹤琴早年留学美国，专心研究教育学和心理学，师从克伯屈、孟禄、桑代克、罗格等著名教授。1923 年，在南京创办了鼓楼幼稚园并任园长，不久后又建立了我国第一个幼儿心理学研究中心，亲自从事并领导幼儿园的课程、设备等方面的研究工作。他对当时中国幼儿园照搬照抄国外幼儿教育的课程模式的状况十分不满，与张宗麟等人一起进行了幼儿园课程的中国化和科学化探索，提出了"活教育"思想，极大地推动了中国幼儿园课程的改革和发展，成为我国幼儿园课程改革的先驱。他还发起并组织成立了幼儿教育研究会，创办了我国最早的幼儿教育研究刊物《幼稚教育》，协助教育部制定了我国历史上第一个《幼稚园课程标准》。中华人民共和国成立后，陈鹤琴以极大的热情投入社会主义现代化建设之中，他先后担任南京大学师范学院和南京师范学院院长兼幼儿教育系主任。在这期间，他继续研究幼儿教育，整理他以前有关幼儿教育方面的研究资料，建立了一套完整的教学和科研体系。

（二）理论基础——"活教育"理论

1."活教育"的内涵

教育家陈鹤琴为了将当时的"死教育"变为前进的、主动的、有生气的"活教育"，提出了要使教师"教活书、活教书、教书活"及使儿童"读活书、活读书、读书活"的教育主张，并把这一教育主张定义为"活教育"。

2."活教育"的目的论——强调做人教育

陈鹤琴在"活教育"目的论中明确而全面地提出了教育目的，即要教人"做人，做中国人，做现代中国人"。他强调了"做人"的基本条件：第一，要有强健的身体；第二，要有建设的能力；第三，要有创造的能力；第四，要有合作的态度；第五，要有服务的精神。在此基础上他又进一步丰富了"目的论"的内涵，提出"做人，做中国人，做现代中国人，做世界人"。这一目的论全面而深刻地概括了做人的内涵——做一个具有现代综合素质的新人，体现了陈鹤琴的爱国主义精神和放眼世界的远大眼光，具有高度的哲理性和时代性。

3. "活教育"的课程论——强调活教育的本质

陈鹤琴批评旧教育是"死教育"，针对课程设置、教材选择的盲目性和呆板的教学方法，提出了"活教育"的课程论，其主要观点包括：①课程应为目标服务；②课程内容的选择应注重儿童的生活环境，应以大自然、大社会为中心；③课程结构应以"五指活动"为基本成分；④课程实施应采用"整个教学法"、游戏式和小团体式教学方法。他的课程论强调了目标性、生活性、自然性、社会性、环境性、综合性、灵活性的理念，突出了"活教育"的本质，体现了活课程观、活教育观、活学习观的理念，具有超前性和科学性。

4. "活教育"的方法论——强调实践教育

"活教育"方法论的基本原则："做中教，做中学，做中求进步"。"活教育"方法论重视直接经验，强调以"做"为中心，主张打破班级、时间、空间、教材的界限，不提倡班级授课制，重视室外活动，提倡"共同研究学习"。陈鹤琴把教学过程分为四个步骤：实验观察—阅读参考—发表创作—批评研讨，并明确教师的责任是引发、供给、指导、欣赏。"活教育"方法论的宗旨是反对封闭教育，强调实践教育，注重主动学习、发现学习、自主学习、探究学习、共同学习的过程，具有创新性。

（三）课程目标、内容、方法

1. 课程目标

陈鹤琴先生在研究中国二三十年代学前教育课程实际发展情况的基础上，从身体、智力、情感等方面提出了自己的幼儿教育目标。他认为，教育目标首先要解决"做怎样的人"的问题。通过教育，培养出的人应该具有"协作精神，同情心和服务他人的精神""应有健康的体格，养成卫生的习惯，并有相当的运动技能""应有研究的态度，充分的知识，表意的潜力""应能欣赏自然美和艺术美，养成欢天喜地的快乐精神，消泯惧怕情绪"。

2.课程内容

陈鹤琴以人的五个连为一体的手指来比喻，创造性地提出了课程结构的"五指活动"理论。他认为，"五指活动"包括以下五个方面。①健康活动，包括饮食、睡眠、早操、游戏、户外活动、散步等。②社会活动，包括朝夕会、周会、纪念日、集会等。③科学活动，包括栽培植物、饲养动物、研究自然、认识环境等。④艺术活动，包括听音乐、画图、做手工等。⑤语文活动，包括讲故事、唱儿歌、猜谜语等。

这五个方面是相互联系的，就像人的五个手指一样，共同构成了具有整体功能的"手掌"。学前教育课程的全部内容被包括在这五指活动之中。但是这五个方面是有主次之分的。

陈鹤琴认为，保护和促进儿童身体健康是幼儿教育目标中最重要的。强国需先强民，强民先要强身，强身需先重视年幼儿童的身体健康。身体强健的儿童性格活泼，反应敏捷，做事快。为了儿童的现在和将来，幼儿园的教育应注意儿童的健康。为了锻炼儿童的身体，幼儿园应十分注意培养儿童良好的行为习惯。陈鹤琴认为："人类的动作十之八九是习惯，而这种习惯又大部分是在幼年养成的，所以幼年时代，应当特别注意习惯的养成。"

他认为教师应带领幼儿多到户外活动。户外活动不仅可以使儿童在大自然中学到很多知识，还可以使他们呼吸到新鲜的空气，沐浴到充足的阳光，从而强健儿童的体魄，增加儿童的欢乐。户外活动是保护和促进儿童健康的有力措施。

此外，他还认为幼儿园应特别注重音乐教育。因为音乐可以陶冶儿童的情操，鼓励儿童积极进取。幼儿园应创设音乐环境，培养儿童对音乐的兴趣，发展他们欣赏音乐的能力。

3.课程方法

（1）整个教学法

何为"整个教学法"？陈鹤琴认为："整个教学法，就是把儿童所应该学习的东西整个地、有系统地去教儿童学。"因为学前儿童的生活是"整个的"，学前儿童的发展也是"整个"的，外界环境也是以整体的方式对儿童产生影响的，所以为儿童设计的课程也必须是"整个"的、互相联系的，而不能是相互割裂的。

（2）游戏法和小团体活动

游戏法是整个教学法的具体化。在游戏中，学前儿童的身体能得到充分锻炼，能缓解紧张的情绪，体验到活动的快乐。游戏是学前儿童的重要生活活动。学前儿童在游戏中学习能收到事半功倍的效果。学前儿童的课程最容易游戏化。采用游戏化方式组织课程，有利于学前儿童健康发展。由于学前儿童之间具有差异，每个儿童都是相对独立的，他们的智力发展水平不一、兴趣不同，所以应采用小团体式教学方法，使处于不同发展水平的学前儿童在相互作用中不断取得进步。

　　以上只是陈鹤琴学前教育课程思想中的一些主要内容。除此之外，他还提出了有关幼儿园课程评价、课程实验等方面的观点，也值得我们认真地加以学习与借鉴。但是我们也应当看到，陈鹤琴提出的学前教育课程思想毕竟带有他那个时代的历史烙印，毕竟受到他个人教育哲学的限制。因此，我们对他的课程思想必须辩证地继承，吸取他思想中对今天的学前教育课程改革与发展有用的内容，而不能把他的思想奉为"神灵"，不加分析地全盘学习。时代进步了，我国今天的国情发生了巨大的变化，我国的学前教育实际也已经发展到了新的水平，我国的学前教育工作者也不一样了。因此，我们必须把他的课程思想放到特定的历史环境中，才能看到它的真正价值。

第五章 高校学前教育专业模拟教学研究

幼儿园教育活动是教师有目的、有计划地利用幼儿园的环境和材料，通过和幼儿的双向互动，激发幼儿主动参与活动，促进幼儿身心发展的过程，是实现幼儿园教育目标的重要途径。作为一名学前教育专业学生，应具备设计与组织教育活动的技能。

第一节 设计教育活动

幼儿园教育活动的设计是实施幼儿园教育活动的前提条件，在狭义上是指幼儿园课程的设计，在广义上是指具体的、能够帮助幼儿获得有益学习经验的活动设计。教育活动设计技能是学前教育专业学生应具备的基本技能。在教育活动的设计中，主要涉及分析教育活动内容、制定教育活动目标、选择教育活动方法等技能。

一、分析教育活动内容

（一）教育活动内容分析的内涵

教育活动内容可被称为教材内容。教材内容分析关系到教师对课程的设计、组织与实施，更关系到教学目标的实现。因此，教材分析技能也是学前教育专业学生应掌握的基本技能。

教材分析不是狭义地只对教材内容进行分析，而基于对幼儿的发展水平和学习特点的整体把握。教材分析要以幼儿发展为立足点和最终归宿，强调以幼儿经验为出发点，遵循幼儿的认知规律，帮助幼儿有效地建构知识体系。所以，学前教育专业学生在分析教材时，应将幼儿的年龄特征和学习特点作为教材分析的一个重点。

（二）分析教育活动内容的步骤

1. 领会各领域的精髓

我国幼儿园课程内容分为健康、语言、社会、科学、艺术五大领域的内容。虽然各领域的内容是相互渗透和融合的，但各领域的课程目标是不同的。学前教育专业学生在研究教材时，首先要明确各领域目标的精髓，为进一步研读教材内容打好基础。

2. 挖掘教材中可促进幼儿发展的元素

教材内容分析的最终目的是更好地设计适合本园、本班幼儿的教学活动，达到教学活动过程的最优化。所以，学前教育专业学生一定要在实际情景中，弄清教材的要素、对象、过程和特点，弄清教材内容在教学活动中的地位和作用，分析教材中可帮助幼儿学习和促进幼儿发展的内容，然后据此设计教育活动。

3. 分析教材，整合内容

在模拟教学时，学前教育专业学生应通读教材，整体了解教材内容的体系结构、地位作用、文字内容等方面；全面熟悉教材，吃透教材，弄清教材要实现的目标。这样有利于进一步分析教材内容。准确把握教材要注意三点：一是要准确把握教材的内容，二是要准确把握教材的特点，三是要准确把握教材的重点和难点。教师只有熟悉了教材内容的体系结构和目标定位，在设计教学活动时，才能够深刻理解、充分整合教材内容。

二、设计教育活动目标

（一）幼儿园教育活动目标的层次

1. 幼儿园教育目标

幼儿园教育目标是教育目的在幼儿园阶段的具体化，反映出培养幼儿的规格与要求，对幼儿的全面发展提出更具体的规范，表明了教育影响下显现出的幼儿发展变化，全面指导着幼儿园的教育教学工作。幼儿园教育目标是最高层次的目标。

2. 五大领域目标

《幼儿园教育指导纲要（试行）》把幼儿学习活动的范畴划分为健康、语言、语言、社会、科学、艺术五个领域，各领域的目标也就相应成为幼儿园教育目标的下位概念。五大领域的教学目标是幼儿园保教并重、全面发展的教育目标的具体化。

3. 年龄阶段目标

小班、中班和大班在五大领域均有对应的年龄阶段目标。例如,小班语言教育活动的目标如下。

①喜欢听普通话并愿意学说普通话,逐渐发准易错音。

②能认真安静地听别人讲话。

③愿意和别人交谈,能用简短完整的语句表达自己的请求和愿望,学会使用礼貌用语。

④喜欢听老师讲述故事和朗诵儿歌,能初步理解作品的主要内容,能独立地朗诵儿歌。

⑤喜欢阅读,爱护图书。养成正确的看书姿势,学会按顺序看图书,逐页翻阅,能看出画面的主要变化,在成人的帮助下看懂图书的内容。

4. 单元目标

单元目标是指在一个时期内,某个单元或主题要达到的目标,它是比较具体的、短期内可达到的目标。

5. 活动目标

活动目标是指某一个具体活动要达到的目标。它是最为具体的目标,也是各领域目标的下位概念。

(二)教育活动目标的设计

学前教育专业学生要根据各领域目标、幼儿学习需要、幼儿能力水平、活动主题等,从认知、情感、技能三个方面设计教学目标。例如:针对小班儿歌活动《两只小小鸟》,可对幼儿的学习需要、学习能力以及内容进行分析,确定如下教学目标。

①学会伴随动作念唱儿歌。

②理解两只小小鸟之间的友好关系。

③乐意和教师、同伴共同表演儿歌。

(三)制定教育活动目标的要求

活动目标决定着教学活动过程,既是选择教学内容、教学组织方式和教学策略的依据,也是教学评价的标准。所以,教学目标的确定是一个非常重要的环节,有以下几点要求。

高校学前教育专业教学与人才培养模式探索与实践

1.目标要体现幼儿年龄特点

在模拟教学活动中，有的学前教育专业学生把活动目标定得太高，有的学前教育专业学生则把活动目标定得过低，其根本原因就是不了解幼儿的原有经验和发展水平，没有从幼儿的学习需要出发来确立活动目标。脱离幼儿实际情况的活动目标不具有可操作性和指导性。因此，在制定活动目标时，学前教育专业学生必须了解幼儿的知识、经验和兴趣，并以此为基点展开教学，梳理、整合幼儿原本零散的经验。例如，大班诗歌《风藏在哪里》的教学目标应包括：①欣赏诗歌，感受诗歌优美意境和问答式的结构特点；②学习有感情地朗读诗歌，区别问句和答句的不同读法；③初步尝试按照诗歌结构进行仿编，能用生动、形象的词去描述事物。这个活动的对象是大班幼儿，教学中的文学性应更强一点。在初步感知的基础上，有重点地朗诵和仿编，对大班幼儿来说具有一定挑战性。小班诗歌《小草的风筝》教学目标应包括：①理解诗歌内容，体会小草放风筝的童趣和奇妙；②在倾听活动中感受诗歌优美的意境；③在游戏表演中，进一步感受诗歌语言的趣味和奇妙。这个活动的对象是小班幼儿。学前教育专业学生应虑到这首诗歌很优美、富有童趣，考虑到小班幼儿的年龄特点，从而把活动目标确定为能够欣赏诗歌，并在感受理解的基础上，通过动作表现的形式，进一步体会语言的趣味性。

2.目标要体现领域学科特点

目标制定应体现学科的系统性、结构性。当前幼儿园倡导的是整合课程。而主题活动整合了各领域的教学内容，强调幼儿的全面发展。从表面上看，学科的痕迹减少了，但实质上，每个活动主题都存在主导的学科，每个学科领域都有它的发展目标。因此，学前教育专业学生在模拟教学时，要深入分析具体教学内容的知识体系，从所教领域出发，挖掘其促进幼儿全面发展的教育价值。例如：语言领域发展目标的核心价值在于让幼儿倾听、感受、理解、表达，不同的语言教学形式的侧重点有所不同；科学领域发展目标的核心价值在于让孩子积极主动地探究学习，利用多感官、多通道对事物进行感知，激发其对事物探究的兴趣等；而艺术领域发展目标的核心价值更倾向于对美的感受与表达。在此，笔者列举了三个活动案例的目标。

案例一目标：学习儿歌，感受小主人公爱动脑筋的形象特点；乐于向小问号学习，并能初步提出自己的问题。

案例二目标：学习用绘画的方法表达自己的问题；能大胆地构图，比较确切地表达自己的意思。

案例三目标：初步学唱歌曲《为什么》，会用提问的语气唱；能唱准附点音符和休止符；对探索周围现象有较浓的兴趣。

我们可以看出，以上三个案例虽然都是围绕提问题等开展的活动，但它们是三个不同领域的活动：案例一是语言活动，案例二是美术活动，案例三是音乐活动。以上每个案例的目标表述都清楚地提出了相关领域的目标，同时又分别涉及兴趣、能力、社会性等其他方面的目标。

3.目标要体现层次性

不同的儿童有不同的需要和发展目标，课程目标的中心是儿童的发展。为了使幼儿得到良好的发展，学前教育专业学生在模拟教学时，应了解每个幼儿的现实水平，制定满足每个幼儿发展需要的目标，即目标应体现层次性。

例如，小班谈话活动《黑夜来了》活动目标应包括：①感受夜晚的美丽及有趣，体验喜欢夜晚的情感；②通过分享、交流和实践体验，愿意独自睡觉，克服怕黑的心理障碍。在本活动目标的制定中，学前教育专业学生应关注幼儿积累的相关经验与出现的问题，并应有效地将两者结合起来，形成"产生喜欢夜晚的情感"及"克服怕黑的心理障碍"两个目标。两个目标应层层递进，"克服怕黑的心理障碍"其实是幼儿"不怕困难"情感下的一个次级目标。两个目标应具体、针对性强，挑战性适度。

4.目标要体现幼儿的发展需要

目标制定应考虑幼儿的发展需要，即对幼儿可持续性发展是否有真正的价值。学前教育专业学生在制定教育目标时，要善于利用"最近发展区"，研究和把握幼儿身心发展的实际水平、发展需要和进一步发展的潜力，使教学走在发展的前面。

例如，在小班科学活动《大中小》中，学前教育专业学生可用量一量、比一比的方法，让幼儿知道自己在长高，并因自己长大而高兴。虽然孩子们对自己身体的长高、长大有浓厚的兴趣和一定的生活经验，但他们的认识和经验是肤浅的、零碎的，在活动中用量一量、比一比的方法来体验、感受自己长高了，对孩子来说是一次尝试和挑战。幼儿非常喜欢与同伴比一比、用尺子量一量，积累一些比较高矮的方法以及按照高矮进一步排序的方法，进一步体验长大的快乐。所以这个活动目标的制定是可行的。

但是，要注意的是，制定的目标应是适度地超越幼儿原有的生活经验的，是幼儿能够接受的，是幼儿认知水平所能及的，是幼儿能够体验到的。

（四）幼儿园教育活动目标的表述

1. 从幼儿发展的角度来表述目标

在目标的表述上，学前教育专业学生应从幼儿的角度出发。从幼儿发展角度表述的目标指明了幼儿通过学习应该达到的发展水平，能突出反映幼儿在学习活动中的主体地位，表现出对幼儿个体经验及发展的关注，体现了尊重幼儿、以幼儿发展为本的教育思想。同时，从幼儿发展的角度来表述教育活动目标可使学前教育专业学生转变观念，更多地关注活动中幼儿的行为和表现。如今，越来越多的教育者也主张从幼儿角度出发制定活动目标。在表述从幼儿角度提出的活动目标即发展目标时，应以幼儿为主体，多用"学会""了解""能""知道""喜欢""感受""乐意""懂得"等表述方式，强调幼儿学习后获得的发展和发生的变化，反映出心中对活动促进幼儿发展的方向和程度的预期。例如，中班数学活动《水果拼盘》的部分教学目标包括：①鼓励幼儿自己动手动脑，学会制作小拼盘和用自己的方法记录水果拼盘；②欣赏水果拼盘的艺术美，体验做水果拼盘的愉悦情绪，感受与同伴分享的快乐。上述目标的主要问题在于，目标①是从教师角度进行表述的，目标②是从幼儿角度进行表述的。这显然是不恰当的。可将《水果拼盘》的活动目标主体均修改为幼儿，例如：①学会制作水果小拼盘，并用自己的方法记录；②体验做水果拼盘的愉悦情绪，感受与同伴分享的快乐。

2. 目标表述要具有可操作性

例如，中班健康领域系列活动中《刷牙》活动目标之一：学习正确的刷牙方法，养成早晚刷牙的好习惯。《喝水》活动目标之一：知道口渴了要接水喝，养成主动喝水的习惯。这两个目标具体、明确。如果将这两个目标换成"培养幼儿良好的生活卫生习惯"就显得过于笼统。

3. 目标表述要清晰准确

教育活动目标要明确，有较强的针对性，对在本次活动中，幼儿要学会哪些基本技能、产生什么情感要有较明确的说明。例如，有一个学前教育专业学生在进行消防安全教育活动设计时，将目标设定为"幼儿掌握基本的消防安全知识"。这个目标就不够明确。对于消防安全知识的含义是什么，哪些属于基本的消防安全知识，都没有说明，导致他在教学活动中很难去把握。一般的基本消防安全知识包括发现火情时应该拨打119报警、报警时应说出自家的地址、在火场中如何逃生等。且对于不同年龄阶段的儿童对基本消防安全知识的掌握情况应有不同的要求。在制定教学目标时，学前教育专业学生应当明确提出幼儿需要了解哪些具体的消防知识。

4. 目标表述要尽可能全面

虽然不同的教育活动的目标应有所不同，且应有各自的重点目标。但总体而言，学前教育专业学生除了要突出本次活动的重点目标外，还要兼顾其他方面的目标。每一个教育活动的目标原则上都应包括情感态度目标、认知目标、技能目标。

三、选择幼儿园教育活动方法

幼儿园教育活动方法是指教育者为达到教育活动目标，完成一定的教育任务所采用的具体方式和手段。它包括两层含义：一是指教育者在组织幼儿活动时，指导幼儿学的方法；二是指幼儿在活动中所采用的学习方法。教育活动方法的选择在教学设计中非常重要。学前教育专业学生应当掌握选择教育活动方法的技能。

（一）常用的幼儿园教育活动方法

常用的幼儿园教育活动方法按不同性质可分为三大类，每一类又包括不同的方法。

1. 口语类

（1）讲解法

讲解法是指教师通过口头语言向幼儿解释和说明知识、材料、要求等的教学方法。通过语言向幼儿说明一些简单的、基本的知识和道理，让幼儿了解规则及其意义。这种方法在教育活动中应用广泛，不仅用于向幼儿传授新知识，还广泛用于各种活动的组织过程中，是语言教学活动的主要方法。教师在教学活动中的讲解应该是感性的、生动的、具体的，关注幼儿兴趣和已有经验。

（2）谈话法

谈话法是教师根据一定的教学目的、任务和内容，向幼儿提出问题并要求幼儿回答，在问与答的过程中引导幼儿获得新知识或巩固所学知识的方法，也是教师与幼儿及幼儿与幼儿之间围绕某个问题进行的思想和情感交流。这种方法容易集中幼儿的注意力，激发幼儿积极的思维活动，发展幼儿的语言表达能力，提高教学效果。

（3）讨论法

讨论法是指在教师指导下，由全班或小组围绕某一个中心问题，通过发表各自意见和看法，相互启发、分享经验的一种方法。讨论法的前提是有一个可讨论的问题。在讨论过程中，教师的首要作用是引导，而不是指导。教师应参与幼儿的讨论，应少问多说，即提出问题以引发幼儿表达个人见解，在平等讨论中潜移默化地影响幼儿。

2. 直观类

（1）示范法

示范法是教师通过具体动作范例，使幼儿直接感知所要学习的技能、动作结构、顺序和要领的一种教学方法。示范法是幼儿园教育教学的重要方法之一。教师的正确示范不仅能使幼儿直观地感知动作，而且能引起幼儿学习的兴趣，调动幼儿学习的积极性。

（2）演示法

演示法是指教师向幼儿出示各种实物、教具、模型进行示范性实验，使幼儿获取知识的一种教学方法。教师经常会结合讲解法、谈话法来使用演示法。教师直接的规范操作演示，能够帮助幼儿迅速把握知识、技能的关键，因而演示法是幼儿园教育教学中十分重要的一种方法。

（3）观察法

观察是幼儿认识自然和社会，取得直接经验的重要途径。观察法是指教师有目的、有计划地引导幼儿感知客观事物的一种方法。它是幼儿园教育活动中的一种基本方法。观察法的形式有个别物体观察、比较性观察、长期系统性观察等形式。

3. 实践操作类

（1）练习法

练习法是指幼儿在教师的帮助带领下，通过多次重复动作掌握知识和技能，形成行为习惯的一种方法。它是巩固新知识、形成技能技巧和习惯的基本方法。在幼儿园教育教学中，练习法应用比较广泛。

（2）操作法

操作法是指幼儿通过亲自动手操作直观教具及材料，在摆弄物体的过程中进行探索，从而获得知识、经验和技能的一种教学方法。教师常将操作法、游戏、练习等方法结合起来使用。操作法有利于培养幼儿的探索精神和动手能力，使幼儿能够主动学习，由理解、记忆变为操作、探索，更符合幼儿的年龄特点。

（3）游戏法

游戏法是指幼儿在教师指导下进行有规则的游戏活动的一种方法，是深受幼儿欢迎的一种教学方法。应用游戏法进行教学是幼儿园教学最显著的特点之一。游戏是幼儿最喜爱的活动。在游戏活动中，幼儿注意力集中、兴趣浓厚，能充分发挥他们的积极性和主动性，因而容易获得良好的教育效果。

（二）教育活动方法的选择

要有效地开展教学活动，就必须选用正确的教学方法。在模拟教学的活动中，学前教育专业学生应当注意教学方法的选择与运用。幼儿园的教育活动方法多种多样。在幼儿园教育教学活动中选择什么样的教育活动方法，主要取决于教育活动的目标、内容、幼儿的年龄特点和教师自身的素质等。

1. 根据教育目标选择方法

幼儿园教育活动方法的选择是为教育活动目标服务的。所以，在选择教育活动方法时一定要考虑如何实现活动目标。例如：科学活动《认识几种电话》的教学目标是了解电话的发展、性能、功用及使用方法，能够动手操作、观察比较。根据这个目标，选择观察法、操作法、游戏法更有利于实现教育活动的目标。

2. 根据教育内容选择方法

由于教育内容复杂多样，仅仅依靠一些一般性的教育方法不能达到很好的效果。所以，学前教育专业学生需要针对具体的活动内容选择更合适的方法。例如，语言领域的教育活动内容是让幼儿去倾听、理解和表达。根据此活动内容，在选择方法时，可以选择谈话法、练习法等。

3. 根据幼儿年龄特征选择方法

学前教育专业学生要依据幼儿自身的年龄特征选择适宜的教学方法。幼儿好动、好模仿、易兴奋、易疲劳，以具体形象思维为主。教学方法的选择要适合幼儿的这些年龄特点，使幼儿动静交替地进行活动，有效地调动幼儿的兴趣和积极性。由于幼儿各年龄阶段的特点有所不同，认知水平也有差异，所以学前教育专业学生在组织教育活动时要根据其年龄特征去选择适合的方法。

教学是一种创造性活动，在选择与运用教育活动方法时，要根据各方面的实际情况综合来考虑。常言道："教学有法，但无定法。"每个学前教育专业学生都应恰当地选择和创造性地运用教育活动方法，以展现自己的教学艺术，形成自己的教学风格。

第二节 组织教育活动

教育活动的组织就是去执行一个具体的活动方案以实现活动目标的过程，也包括在执行过程中根据实际情况对活动方案进行调整的过程。一般来说，一个活动的具体开展过程包括导入、展开、结束、延伸等环节。因此，教师要掌握活动导入的策略、组织活动过程的策略、提问的策略、结束活动的策略。

一、活动导入

导入是在教育活动开始时，教师引导幼儿进入活动过程的组织方式，其目的在于引起幼儿注意，激发幼儿活动的兴趣、求知欲等。如果导入方式设计得合理且巧妙，就可以激发幼儿浓厚的活动兴趣和强烈的求知欲，使幼儿迅速进入兴奋状态，将注意力集中到本活动上，并在好奇心的驱使下产生强烈的探究意向，从而为新的探索活动做好心理准备。例如：在模拟小班《保护眼睛》的教学活动中，学前教育专业学生可出示会眨眼睛的娃娃，并提问："看看这一眨一眨的是什么？眼睛有什么用？"然后，让幼儿自由讨论，自由回答。在这个环节中，学前教育专业学生利用会眨眼的洋娃娃可以引起幼儿对眼的关注，从而导入主题，这对小班幼儿来说是合适的。

（一）活动导入的要求

依据活动目标和内容的不同，以及教师教学风格的差异，教师所采用的导入活动的方式多种多样。但总的来说，在策略的使用上，活动导入具有一些共同的要求。

1. 启发性

启发引导幼儿积极思考是导入环节设计的核心内容，也是实现教育目标的内在要求。要设计富有启发性的导入环节，首先就要精心设计导入的内容，然后采用多种启发方式，如问题启发、演示启发、情境启发、实物启发等，因势利导，调动幼儿积极思维。

2. 针对性

好的导入环节一开始就可以把幼儿带入一个特定情境中。在模拟教学中，学前教育专业学生需要兼顾全班幼儿的各种活动方式，运用各种教育方法使每个幼儿都进入活动状态。

3. 趣味性

学前教育专业学生在导入环节中使用的语言要风趣生动，充满感情，导入的内容要新颖，具有形象性。此外，教师要关注幼儿的经验和兴趣，调动幼儿活动的积极性和主动性，使幼儿达到最佳的活动情感状态。

4. 连贯性

导入环节要为后面的活动做好铺垫和准备，所以导入环节与其他环节之间要巧妙衔接、自然过渡，前后要有逻辑性。

5. 简洁性

幼儿园的集体教学活动时间，短至 10 分钟左右，长也不过 30 分钟左右。因此，导入环节设计要简洁、明了，力争用最短的时间，迅速、巧妙地集中幼儿的注意力。

（二）活动导入的方式

由于活动内容不同、幼儿特点不同、教师不同，在导入时，教师使用的方式也就可能会不同。归纳起来，主要有以下几种活动导入的方式。

1. 材料导入

这种方式以实物、图片、材料、玩具等引出主题，激发幼儿的学习兴趣。例如，在模拟《种子的秘密》的教学活动时，一位学前教育专业学生让幼儿展示各自从家里带来的"籽"，并说出它们的名称，然后归纳总结，引出课题："大家带来的籽尽管大小、形状、颜色各不相同，但是它们有一个共同的名字叫'种子'。如果把这些种子种到适宜的环境里，会怎么样呢？现在我们就来探索种子的秘密。"这位学生就是这样启发幼儿思考，进入本次教育活动的主题的。这种运用新奇特异的玩教具材料、实物、图片、模型等来引起幼儿注意，激发幼儿兴趣的导入方式是导入环节常用的方式之一。

2. 演示导入

这种方式以演示实验、操作教玩具的形式激发幼儿的好奇心，使幼儿产生要了解演示中出现的各种现象及其产生原因的强烈欲望。例如，在模拟大班科学活动《静电的秘密》时，一位学前教育专业学生举着一块塑料尺说："小朋友，大家都很喜欢看魔术表演吧！你们看，今天张老师也要为你们表演魔术。这是一个塑料尺子。"说着，他又拿起一块绸布在大家面前挥一挥，说："这是一块绸布。"接着又指着桌上碟子说："这里有一些彩色纸屑。"并端给学生让他们看一看。然后，这位学前教育专业学生将绸布在尺子上用力摩擦起来，并

#

说："我把塑料尺子与绸布来回用力摩擦一会儿，然后用塑料尺子去靠近彩色纸屑，会发生什么事情呢？"这位学前教育专业学生将塑料尺靠近彩色纸屑后说："呀，彩色纸屑怎么一下子就跳到塑料尺子上去了？你们想玩这个魔术吗？"紧接着，"学生"都兴奋地拿起了放在桌上的绸布与塑料尺子。这一小实验所引出的奇妙现象可以立即激发了幼儿探求新知识的欲望。在这个导入环节中，学前教育专业学生做了示范性的实验，可使幼儿通过观察先获得"与绸布摩擦过的塑料尺子会吸引彩色纸屑"这一经验，然后就可自然地过渡到下面的活动环节。

3. 作品导入

根据活动内容和需要，选读与活动内容联系紧密的故事、儿歌、谜语等，可以引起幼儿兴趣，引发其联想。例如，在模拟开展音乐游戏《小蝌蚪找妈妈》之前，学前教育专业学生可先说一个谜语让"学生"猜："大脑袋，长尾巴，全身黑溜溜，生在春天里，长在池塘中。"然后，给"学生"戴上小蝌蚪头饰，说："小蝌蚪生下来还没有见过妈妈，你们很想妈妈，是吗？好，现在我们就去找妈妈！"在运用这种方式时，要注意所选的故事、儿歌等作品应该与活动内容紧密联系，成为活动过程的组成部分，并且注意所选的作品要有教育性、科学性、艺术性与趣味性。

4. 悬念导入

这种方式是指结合教育内容，设计一些既符合幼儿认知水平，又生动有趣、富有启发性的问题，以造成悬念，使幼儿产生探求事物奥秘的欲望。例如，在模拟《食物哪去了》的教学活动时可以这样导入："我们每天都要吃很多东西，可是这些食物都到哪儿去了呢？"短短的一句话便能引发幼儿强烈的好奇心和探索欲望。这种导入方式为幼儿创造出促使其积极探索的情境，使幼儿处于惊奇的状态之中，激发幼儿的求知欲，从而产生强烈的学习的欲望。

5. 问题导入

问题导入是指在活动开始时，教师提出问题，引导幼儿积极思考，从而引出主题内容的一种导入方式。例如，在模拟中班《风娃娃》教学活动中，一位学前教育专业学生在开始时先点亮了一根蜡烛，并问"学生"："小朋友，用什么办法可以使蜡烛熄灭呀？""学生"答："吹气。"接着，他又问："为什么吹气可以使蜡烛熄灭呢？""学生"回答："因为一吹就有风了。"这位学前教育专业学生接着又问："那么，现在教室里有风吗？请小朋友想想，怎么样才会有风？"然后，"学生"有的在吹气，有的用手、图画纸或其他材料在扇动。过了一会儿，他又问："你们刚才都用了什么办法制造风呀？"紧接着，"学生"们抢着回答。等"学生"回答完后，这位学前教育专业学生问道："小朋友，为什么那样做就会制造出风来呢？"在这个活动中，这位学前教育专业学生教师通过设问、追问、反问，沿着"空气—风—空气流动"这一脉络层层引出新的活动内容。这样做可使"学生"对知识的理解更加深刻，而且锻炼了"学生"思维，引发了"学生"对生活中科学现象的兴趣。

6. 游戏导入

游戏是幼儿最喜爱的活动，因此在活动开始时通过游戏的方式创设游戏情境可以大大地激发幼儿的活动兴趣。例如，在模拟中班《磁铁能吸起什么》的教学活动时，一位学前教育专业学生组织"学生"玩"走迷宫"的游戏，给每组"学生"一块"迷宫板"和一个带有磁铁的舞蹈小人，让"学生"利用磁铁在板下指挥板上的小人尽快走出迷宫。通过游戏的方式，活动气氛变得十分活跃。这位学前教育专业学生一下子就把"学生"的情绪引向了高潮。

7. 歌曲导入

选取与活动内容有密切联系的歌曲或童谣，让幼儿在活动开始时先进行吟唱，也不失为一种好的导入方式。例如：在模拟《画妈妈》教学活动开始时，学前教育专业学生可组织幼儿倾听富有情感的歌曲《我的好妈妈》，用歌声来感染幼儿，引起幼儿兴趣。

8. 经验导入

这种方法是指教师在了解幼儿原有的知识水平的基础上，提供新旧知识的连接点，调动幼儿运用已有的知识和经验去进行新的探索。例如，在模拟开展《噪声污染》教学活动的过程中，学前教育专业学生可先问"学生"："小朋友每天都要听到各种声音，请你们说一说听到过哪些声音。""在你听到过的声音中，哪些是好听的声音，哪些是不好听的声音？"这样，学生在教师的启发下，联系已有的经验，很自然地就进入了活动。

9. 直接导入

这种方式是指教师直接运用简洁明快的语言阐明活动的目的和要求，使幼儿明确活动的主要任务，或简要介绍活动中的主要角色、材料，以引起幼儿的注意。例如，在模拟《我长高了》的教学活动时，学前教育专业学生可以说："小朋友，你们想不想知道自己今年又长高了多少呀？好，老师今天就来教你们测量身高。"又如，在模拟《介绍朋友》的教学活动时可以这样开始："我们每个小朋友都有自己的好朋友，现在我们来把自己的好朋友介绍给大家。在介绍的时候要说清楚你的好朋友是谁，你为什么喜欢他（她）并选他（她）做你的朋友。"在运用这种直接导入的方式时要注意，语言要精练，条理性要强，要富有启发性和感染力。

二、组织活动过程

对于教师来说，教育活动的组织是创造性的工作，是体现教师教育理念的过程，需要教师的教育智慧。教育活动过程的组织技能是幼儿教师应具备的基本技能。

（一）突出目标的引领作用

集体教育活动要体现教师预设的目标。教师始终要围绕目标开展活动。教师在组织活动前必须要制定一个清晰、可达成的教学目标，即明确通过活动要解决什么问题，帮助幼儿积累什么经验，促进幼儿哪些方面的发展等。在活动过程中，要把握教育内容中的重难点，真正做到突出重点，突破难点，保证目标的顺利实现。

（二）注重幼儿的主动参与

在活动过程中，学前教育专业学生要根据幼儿的学习特点，调动他们的多种感官，创设环境、提供材料，让幼儿亲身参与、亲自体验、操作练习，使幼儿真正做到主动学习；通过引导充分发挥幼儿的主动性、积极性和创造性，使幼儿成为真正的主体。

（三）体现积极的师幼互动

在教学活动中，教师应营造一个轻松、愉快的氛围，建立平等、和谐的师幼关系，应成为良好环境的创设者、活动的组织者与引导者。在师幼互动中，教师还应用包容和欣赏的态度对待幼儿的行为，在活动中给予幼儿更多鼓励、赞扬等肯定性的评价。教师可采用语言、动作、神态等对幼儿表示肯定和赞赏，对于幼儿创造性的想法和行为应给予鼓励。面对幼儿出现的问题，教师应该坚持以正面引导为主，帮助幼儿解决问题。根据幼儿实际水平，教师应适时为幼儿的学习搭建平台。教师应该根据与幼儿互动中的实际情况和幼儿的反应灵活地运用各种教学策略，促进幼儿积极主动地学习，提高师幼互动的有效性。

例如，在欣赏活动中，诗歌《雨点》中有这样几句："雨点落进池塘里，在池塘里睡觉。雨点落进小溪里，在小溪里散步。雨点落进江河里，在江河里奔跑。雨点落在海洋里，在海洋里跳跃。"针对这几句话，教师应提问："小雨点为什么在池塘里睡觉，在小溪里散步，在江河里奔跑，在海洋里跳跃呢？"幼儿会回答"因为它累了""因为它跳得高"……幼儿的思维总是与其日常积累的生活经验有直接关系，其原有的经验水平往往会直接影响其对当前情景或事物的认识。在上例中，教师只是简单地用了一个"为什么"便引导幼儿去更加直观地认识和思考问题，幼儿自然从"睡觉"联想到"累了"，从"跳跃"联想到"跳得高"。因此，在如何为幼儿新的认知理解提供支架，使幼儿在原有生活经验的基础上形成新的认知经验上，教师提出的问题就显得尤为重要。假如教师这样引导："小溪有什么特点？池塘与大海有什么不一样？你见过的江河是什么样的？"这样的问题可以调动幼儿已有的、相关的生活经验，他们可以从池塘的宁静、小溪的潺潺等特点来理解小雨点的"睡觉""散步"等。有了理解的支点，幼儿就可以把自己已有的旧经验与新知识相互联系起来，并以此为新支点，不断地感悟、想象和思考，为新知识的学习奠定基础。

（四）把握整个活动的节奏

教师必须把握好教育活动的节奏，必须综合考虑，巧妙安排，使内容与手段、方式与方法、环节与步骤搭配合理，衔接统一。教师要根据幼儿身心发展的特点，考虑动静交替的活动安排。通常应静在前、动在后；小动在前、大动在后。在教育活动中通过游戏、实验、制作、表演等活动，来调节幼儿大脑的兴奋与抑制，使活动过程有张有弛。

三、提问

在幼儿园教育活动中，提问是必不可少的重要环节，教师的提问很关键。好的提问环节能有效地激发幼儿的学习兴趣，调动幼儿的学习积极性，引发幼儿去思考和探索，发挥幼儿的想象力和创造力，也能把教育活动引向更深的层次。教师应该根据幼儿的实际情况，提出启发性、开放性的问题，不断推动幼儿的自主学习。因此，幼儿教师要掌握提问的技能，保证教育活动的顺利开展。

（一）提问要有针对性

对于幼儿，教师在设计提的问题时要注意针对性。教师要做到心中有目标，即制定好培养幼儿整体发展的目标和活动的具体目标。例如：一位教师在数学活动中向学生提问："汽车城停有几辆车？"幼儿在那数呀数，数不清，不知道该怎样回答。这位教师意识到自己的提问有问题，马上调整自己的提问："汽车城有几层楼？每层楼停有几辆车？"幼儿在理解教师提的问题后，教室气氛顿时活跃起来。在这个例子中，这位教师能敏锐而准确地捕捉到幼儿探究活动中的关键问题，进而引发幼儿积极思考、质疑、讨论。

（二）提问要有启发性

在教学活动中，教师提问是为了促使幼儿积极思考。但教师要注意少提一些简单低层次的问题，如"好不好""对不对"之类的问题。教师提出的问题应能启发幼儿朝不同的方向思考。例如：在《爸爸的大手》教学过程中，一位教师问："你喜欢你爸爸的手吗？为什么？"孩子们都说"喜欢"。可对"为什么喜欢"这个问题却有些无从回答。于是，这位教师改变提问方式："爸爸的手都有哪些本领呢？"这个问题能激发幼儿的思维。因此，在教学过程中，教师要防止所提的问题含糊不清、过难、过偏或过于简单；要做到"问"而生"思"，"答"有所"得"，启发幼儿思考，拓宽幼儿思路，发挥联想的作用。

（三）提问要有顺序性

提出的问题要有顺序性，不能杂乱无章。教师在活动中可以根据具体的目的，合理地安排问题的难易次序。一般而言，应先提出认知性问题，再提出理解性问题，最后提出创造性问题。这样既能体现活动中教师由浅入深的引导思路，又能为幼儿积极主动、创造性的学习提供支架。例如，在诗歌教学活动《家》中，一位教师首先提出认知性问题："今天老师带来一幅美丽的图画，我们一起来看看图画上都有些什么？"然后，教师提出理解性问题："天空是什么样子的？树木长得怎样？河水是什么样的？"最后，提出创造性问题："蓝蓝的天空、密密的树林、清清的小河会是谁家的呢？"这位教师通过这样层层递进地提问，达到教学活动的最终目标。

（四）提问要有开放性

教师应善于在教学活动中提供一个中心主题，并围绕这一主题引出多个问题，使幼儿积极思考、自由想象。这种开放式提问有利于激发幼儿学习的主动性和创造性。例如，在欣赏诗歌《春天》的活动中，一位教师问："春天到了，天空中、池塘里都有些什么小动物？柳树、桃树、小草有什么变化？春雷、春雨会发出什么声音？"这位教师问完后，班里的气氛马上活跃起来，幼儿说出了许多春天的变化。教师应围绕中心问题，引出了一系列问题，把一个难度较大的问题分为若干小问题，由浅入深逐步追问。特别是在学生听故事时，教师应当多设计一些有思维指向的开放性问题，如"你认为接下来会发生什么？""你喜欢谁，为什么？""谁的方法好？""假如是你，你会怎么办？"等。由于这些问题没有统一的答案，幼儿不但能理解故事，而且能将理解的内容用语言表达出来，因此有利于幼儿积极思维和语言表达能力的培养。

（五）提问要有趣味性

在提问时，教师要特别注意语言表达，运用抑扬顿挫、恰如其分的语气并结合表情等态势语言来诱发幼儿对问题产生兴趣，调动幼儿回答问题的主动性和积极性。例如，在《昆虫》的学习活动中，一位教师想引导幼儿去观察发现昆虫有六条腿的特征，于是提问："有许多瓢虫宝宝和蜘蛛宝宝躲在叶子里，谁能帮我找出来？你是怎么区分两位宝宝的？"刺激性的语言再配上教师略显神秘的体态语，果然吸引了幼儿的注意力，激发幼儿对区分两位"宝宝"的不同之处的欲望，也调动起了幼儿探索的积极性。

四、结束活动

结束环节是一个完整的教育教学活动必不可少的组成部分。在结束环节，教师通过回顾、总结、概括、归纳、评价等行为，帮助幼儿对所学知识、技能、获得的体验等进行归纳、总结和迁移。有效的结束环节对教学活动能起到画龙点睛的关键作用。

（一）结束活动的策略要求

1.首尾照应，结构完整

例如，在中班科学活动《风娃娃》中，一位教师在活动开始时先点亮了一根蜡烛，并问幼儿："小朋友，用什么办法可以使蜡烛熄灭呀？"大多数学生会回答："吹气。"这位教师接着又问："为什么吹气可以使蜡烛熄灭？"幼儿回答："一吹就有风了。"这位教师又问："那么，现在教室里有风吗？请小朋友想想，怎么样才会有风？"，教师说完后，有一些幼儿在吹气，有的用手、图画纸或其他材料在扇动等。然后，这位教师接着问："你们刚才都用了什么办法制造风呀？"幼儿开始抢答。等幼儿回答完后，这位教师又说："为什么那样做就会制造出风来呢？"在活动结束时，这位教师引导幼儿总结出"风就是流动的空气"及制造风的各种方法，最后，让幼儿各拿一个塑料袋到院子里感受风、"装"风。在这个活动的结束环节中，这位教师进一步解答了导入环节中的问题，不仅做到了首尾呼应，而且使幼儿形成完整的知识经验。

教师应注意活动的结束环节要紧扣活动内容，使之成为整个教育活动的组成部分，与活动导入环节相呼应尤其是像上例中那些直接以问题导入的活动，其结束环节实际上是对导入问题的总结性回答，或是对导入内容的进一步延续和升华。

2. 自然结束，适可而止

结束环节是一次教育活动进行到最后的必然结果，也是一个自然结果。教育活动不能虎头蛇尾，同时，结束环节也不能在活动内容上画蛇添足，拖长教学时间。因为这不符合幼儿身心特点。仍然看上面《风娃娃》的例子，在结束活动时，那位教师让幼儿到户外去感受风、"装风"。这样的结束方式顺理成章、自然而然，而且承上启下，为下一活动交代了任务，体现出活动的连续性。

（二）结束方式的类型

1. 以小结的方式结束

这种结束方式主要作用是可让幼儿对活动目标涉及的知识或技能有较完整清楚的认识。例如：在小班科学活动《认识小鸡》中，教师以小鸡的主要外形特征和生活习性的方式来结束本活动；在语言教育中的诗歌、散文仿编活动中，教师也常以将幼儿所创编的内容进行小结的形式结束。像在这样的结束环节中，教师用准确简练的语言，对活动的主要内容，尤其是对直接实现活动目标的内容加以总结归纳，使幼儿加深对所学知识和技能的印象。

2. 以操作练习的方式结束

教师在活动结束时，也可引导幼儿进行操作活动或练习活动，巩固所学知识，使其进一步掌握技能。例如，在《复习巩固几何图形》教学活动结束时，一位教师安排了结束游戏：让小朋友用积木随意搭建，用橡皮泥捏，或用笔画自己想要的建筑物，做好之后，对同伴、教师说说自己用了什么形状，搭建了什么建筑物，从而引导幼儿体会几何图形的应用。这个活动是让幼儿在操作中集中感知各种几何图形的特点，学习几何图形的运用，教育效果较好。需要注意的是，结束环节的操作活动与前面各环节要有联系，过渡要自然。

3. 以游戏表演的方式结束

这是教师在幼儿园教育活动的结束环节中经常用到的结束策略。幼儿的身心发展特点决定了幼儿在学习活动中容易感到疲劳，而幼儿天生喜欢游戏，因此，教师应当尽量以生动活泼的游戏表演形式结束活动。教师在运用游戏结束活动时，要注意幼儿的游戏表演要紧密联系主题，突出目标。

4. 以自然方式结束

这种方式是指按照活动内容的顺序一步一步地进行，最后自然收尾的一种结束活动的方式。例如，在音乐欣赏活动《啤酒桶波尔卡》的结束环节中，一位教师让小朋友扮演角色随音乐做动作。她将小朋友分成人数相等的两组，一组扮演"啤酒桶"，一组扮演"小老鼠"。启发"小老鼠"找到一个"啤酒桶"，并一起跳舞，互相逗乐。幼儿在欢快的音乐中结束了活动。这样水到渠成的结束方式可使活动在愉悦快乐的气氛中自然结束。

5. 以延伸方式结束

在教育活动结束环节中，有的教师将幼儿的活动巧妙地引入以后的活动中去，使活动具有了连续性。教师应引导幼儿不断地探索和学习，因此，延伸扩展策略也是教育活动常用的结束策略。

第六章　高校学前教育专业人才培养

第一节　从家庭视角解析学前教育专业人才培养

自 2010 年以来，随着《国家中长期教育改革和发展教育规划纲要（2010—2020 年）》《国务院关于当前发展学前教育的若干意见》的出台，由于受到政策的影响，学前教育越来越受到人们的重视。全国各地除了原有的专门的幼儿师范学校以外，本科院校和高职高专也广泛兴办学前教育专业，每年培养出大批的幼儿教师，缓解了幼儿教师短缺的现状。但是短时间内大量扩招，也造成了生源门槛过低、学生质量良莠不齐的问题。

一、学前教育发展现状分析

2017 年 3 月，时任全国人大常委会委员、中国教育政策研究院副院长、北京师范大学教授庞丽娟在两会期间接受采访时介绍，根据教育部的数据可知，2015 年底，我国学前教育三年毛入园率为 75%，虽然比 2009 年的 50.9% 提高了近一半，但我国仍有四分之一的儿童无法接受学前教育。而且这种发展仍然是不均衡的，"老""少""边""穷"地区毛入园率很低，有的地区入园率仅为 10% 左右。

造成学前教育发展不均衡的原因是多方面的。首先是经济发展的不均衡。经济发达地区投入学前教育中的经费多，发展的速度也快。而地方财政经费投入不足是制约经济欠发达地区学前教育发展的重要原因。其次是幼儿教师资源不足。那么，目前学前教育专业人才供求现状如何呢？

二、学前教育专业人才供求现状

对于学前教育专业人才的供求现状,笔者用一个小案例说明。北京的很多人力资源公司或者教育咨询公司每年都要深入黑龙江、内蒙古、河北、山东、四川等全国很多省份和地区,以及四五线城市中含有学前教育专业的职业院校,去联系顶岗实习生和毕业生,签订顶岗实习和就业协议。正所谓:"窥一斑而可知全貌。"北京作为全国的教育中心,在全国的教育中起到引领作用,却要到四五线城市中去挖掘学前教育专业人才。这一现象足以说明幼儿教师的缺口有多大。

北京师范大学教授庞丽娟在接受采访时介绍:据统计,目前我国尚缺 120 万学前教育师资。不论是中西部贫困地区,还是东部发达地区,都存在着较大的甚至非常大的学前教育师资缺口。

三、学前教育专业学生的人文素养和家庭状况透视

(一)学前教育专业学生文化素养现状

目前,学前教育专业学生的学历层次比以前有很大的提高。在 20 世纪八九十年代,幼儿教师的学历都是中专层次的,后来,随着大学扩招、专业增加,学前教育专业也有大专和本科层次了。这里不讨论本科层次的生源情况,因为学前教育专业专科层次的学生占有很大的比重。

在 20 世纪八九十年代,当时的幼儿教师学历层次只是中专,但入学考试很严格。当时报考学前教育专业的学生除了文化课要达到一定的分数线以外,也需要进行术科考试。因为一旦考上并顺利毕业就可以被分配工作,所以竞争很激烈。能够考上的学生的文化素质和专业素养都很好。

现在,由于幼儿教师缺口比较大,加之大学扩招,学前教育专业专科层次的生源质量大打折扣,尤其是以初中为起点的五年制学前教育专业学生。从全国招生来看,这部分学生都是考不上高中的,初中毕业后,先后经过重点高中、普通高中甚至职业高中多次筛选后剩下的学生。他们文化课成绩很低,而且还不需要参加术科考试。这意味着这些学生文化程度低,又没有专业特长。他们因为这些年国家学前教育政策好、好就业,所以才来学习学前教育专业。虽然经过学校几年的培养后,大部分学生的专业技能和文化素质有了一定程度的提高。但不可否认的是,这部分学生不仅仅存在文化课成绩不

好的问题，他们的学习习惯、生活习惯、心理健康、职业操守等也不同程度地存在着一定的问题。仅凭在校的几年教育要完全解决上述问题，是很不现实的。

（二）学前教育专业学生的家庭状况

改革开放以后，人们的思想不断解放，离婚率也呈现逐年上升的势头。民政部资料显示，2002 年，中国粗离婚率为 0.90‰，到 2015，上升到了 2.8‰；2015 年，全国依法办理离婚手续的共有 384.14 万对，同比增长 5.6%；同时，离婚官司也呈现逐年上升的态势。这就意味着学前教育专业学生的家庭状况也不可能摆脱时代的大背景，有相当一部分学生的家庭是不健全的。以七台河职业学院学前教育专业为例，2012 年，入学的五年制学前教育专业学生有 69 人，来自离异家庭的有 23 人；2013 年，18 人中有 5 人来自离异家庭；2014 年，46 人中有 13 人家庭是离异家庭；2015 年，26 人中有 6 人来自离异家庭；2016 年，48 人中有 21 人来自离异家庭；2017 年，46 人中有 20 人来自离异家庭。在近 6 年的招生统计中，这些将来即将从事幼教的学生，高的年份有近 50% 的学生来自离异家庭，低的年份也有将近 25% 的学生来自离异家庭。

宋庆龄曾说：孩子们的性格和才能，归根结底，受家庭父母，特别是母亲的影响最深。孩子长大成人以后，社会成了锻炼他们的环境。学校对年轻人的发展起着重要的作用。但是，在一个人的身上留下不可磨灭的印记的却是家庭。可见家庭环境对一个人的成长起着非常重要的作用。那么离异家庭对孩子的成长和心理会造成哪些伤害呢？

相关的心理学研究资料显示：离异家庭对孩子的伤害最大。离异家庭中的孩子，一部分由父母带到新组建的家庭中。由于矛盾重重，加之环境陌生，孩子很难适应。有相当一部分孩子被寄养在爷爷奶奶或者姥姥姥爷家中，这些孩子更可怜。他们缺少爱和关怀，希望得到别人的呵护和疼爱，缺乏安全感。

有专家总结，离婚对儿童心理会造成以下影响：产生不安全感、内疚感、自卑心理、猜疑心理、逆反心理等。具体表现：情绪忧伤，缺乏乐观进取、积极向上的精神，孤僻，畏缩，做事缺乏自信心，部分孩子会对任何人都持仇恨、冷酷的态度等。难怪著名教育家陶行知先生早就说过：教人要从小教起，幼儿如幼苗，培养得好方能使其发芽滋长；否则幼年受了损伤，即使不夭折，也难成材。

四、学前教育专业人才质量问题及其解决对策

（一）学前教育专业人才质量问题

通过以上对学前教育专业学生的文化素养和家庭状况的分析，我们弄清楚了当前学前教育的生源状况。这些学生入学以后，经过 3～5 年的学校教育培养后，文化素养尤其是专业技能有了很大幅度的提高。目前，高职院校的学前教育专业学生在以赛促教观念的影响下，专业技能发展得很好，但是其心理健康问题却往往被忽视了。虽然大学里都设有大学生心理健康课程，但是在大学里，教师都是以班级授课的模式来进行这门课程教学的，对于心理健康有问题的学生很难做到有效疏导和治疗，更何况这门课的学时很有限。

一部分学前教育专业学生从小生活在不健全的家庭中，加之从小学到中学的学习成绩不好，不是教师和家长眼中的优秀学生，所以要形成健康的心理很困难，不能在气质、能力、性格、理想、信念、动机、兴趣和人生观等方面平衡发展。这些学生在校学习了一定的专业知识和专业技能，由于专业幼儿教师缺口大，所以他们能很顺利地步入幼教岗位。但随着时间的推移，问题就会逐渐显现出来。比如：在工作中，他们缺乏稳定性，爱跳槽；不能和同事融洽相处；对待孩子缺乏爱心和耐心；不能正确处理工作中遇到的问题等。让这些心理素质本就不好的人当幼儿教师，进行幼儿的启蒙教育，存在着极大的隐患。虽然幼儿教师缺口大，但这样做也无异于饮鸩止渴，将损害一代又一代幼儿的心理健康。

（二）解决对策

《国务院关于当前发展学前教育的若干意见》中指出："学前教育是终身学习的开端，是国民教育体系的重要组成部分……办好学前教育，关系亿万儿童的健康成长，关系千家万户的切身利益，关系国家和民族的未来。"正因为学前教育如此重要，所以，高校应把好生源质量关，加强学生的心理健康教育。

1. 把好生源质量关

要提高生源质量，从根本上说，需要政府的高度重视与政策扶持。高校应落实编制政策、职称政策和培训政策，并在此基础上牢牢把住入口关。在幼儿教师暂时紧缺时，不能盲目扩招随意降分。高校在招收五年制学生时，不仅应有面试，还需在"三升四"时再次进行选拔；在招收高中毕业生时，应设置面试环节，在通过面试并报第一志愿的考生中择优录取。

2. 加强学前教育专业学生的心理健康教育

对于师范生尤其是学前教育专业的师范生，高校应把心理健康课程落到实处，要对有心理疾病的学生实行个别辅导，有效跟踪，并要建立健全心理健康测评机制。

第二节 高校学前教育专业人才培养中存在的问题与解决对策

一、高校学前教育专业人才培养中存在的问题

（一）人才培养目标滞后

人才培养目标是人才培养模式的核心，是一个专业持续发展的内部动力。我国学前教育专业的人才培养目标仍是我国依据传统高校人才培养目标制定的。我国高校学前教育专业以研究型学前教育专业人才为主要培养方向，注重专业理论的教学，忽视学生技能的培养。以往高校的学前教育专业毕业生能够进到中职、中专等学校任教。但随着全国多数学前教育类中等院校完成整合升格，这样的用人单位越来越少。中国民办教育协会学前教育专业委员会的郭福昌理事长曾表示，未来十年幼儿园新增的教职员工总数至少要在140万人以上。这么巨大的需求仅依靠中职、中专院校是无法满足的，由此可见未来我国学前教育专业培养的人才大多数还是要到幼儿园一线工作的。而学前教育专业原有的人才培养目标显然已无法适应现今幼儿园实际工作的需求。

（二）"两个热爱"的教育缺失

幼儿教师师德的基础是"两个热爱"，即热爱幼儿教育事业、热爱幼儿。

很大一部分学前教育专业学生是为了能上大学而被调剂到这个专业的，在上大学前根本不了解"幼儿教育"，更谈不上热爱。陈鹤琴先生说过：要办好幼儿教育，提高幼儿教育质量，实现幼儿教育的内涵发展，就必须不断提高幼儿教师的素质，其中最核心的素质就是师德。近几年来，我国虐童事件频发，幼儿教师的师德已引起社会各界的广泛关注。多数学前教育专业更注重专业理论课程的教授，而忽略"两个热爱"的教育。尽管有些高校并开设了职业道德规范课程，却没有将之作为专业核心课。

（三）课程设置不能适应社会现实需求

学前教育专业的课程设置基本可分为三大类：基础知识类、专业理论类、专业技能类。许多高校还在三类课程的基础上开设了一定的拓展类选修课程。从整体设置上看比较合理，符合幼儿教师基本职业素质培养的标准。但随着我国幼儿园多元化地发展，家长对幼儿教育地不断重视，许多幼儿园开始开展国学、科学小制作、亲子乐园、家庭教育指导等专门类型的活动。学前教育专业学生如果在校期间没有接触过相应的课程，就无法胜任这些工作。

（四）专业技能培养"一刀切"

基于学前教育的特殊性，我国学前教育专业都设有琴法、声乐、舞蹈、绘画等专业技能课程。问题是在校学生需要同时学习以上课程，学习内容一样，学习时间一样，最后的评价标准一样。依据加德纳的多元智能理论可知，每个人都有自己的优势和弱势智能，即人具有个体差异，尤其是学前教育专业的学生入学时已超过16岁，如果没有"童子功"，那么，学习一些技能是比较困难的。而且许多学前教育专业没有自己的专任艺术教师。技能课程都由艺术系教师教授，课程的内容更偏向艺术方面。这样，学生学起来会有较大压力，直接影响他们对职业的认识和热爱。

（五）实训环节问题多

实训是学前教育专业学生学习的一种重要形式。我国学前教育专业在国家大力的支持下，纷纷建起了各种高规格的实训室。以宁夏幼儿师范高等专科学校为例，作为西部落后地区的一所学前教育高等师范专科学校，其学前教育系就拥有幼儿仿真实训室、婴幼儿益智游戏实训室、幼儿数学教育实训室等不同类型的11个实训室。这些设备齐全的实训室管理规范。教师每学期都会登记使用，来访者也一定会参观。笔者到其他高校也参观过许多类似的实训室，但这些实训室的使用价值有多大呢？这些高校的专业教师有没有接受过使用培训？实训室内的设备材料具不具备普遍性和代表性？学生操作的学习目标是否明确？实训室中的材料怎样补充？这些问题都有待考证。

幼儿园见习也是学前教育专业常见的一种实训方式。见习活动是对学前教育专业课程的有效补充。但由于目前许多学前教育专业为满足社会需求而不断扩大招生，在校生数额增加明显，而学校周围的幼儿园数量有限，大规模的学生见习活动很难得以开展。一些地方幼儿园由于没有得到高校在教研上的指导和支持，认为见习是高校加给园所的负担，并不愿意接纳见习生，即使接纳也不会做太多准备。这样更加大了高校学生见习的难度。无法保证见习次数和质量，直接导致见习和课程的脱节，大大降低了见习的成效。

高校评判学前教育专业学生能否毕业的主要依据还是学分和毕业论文质量。首先，这种评判方式对于学前教育专业学生来说缺少实践性的考察，评判内容不够全面。其次，这两种评价的主体都是校方，评价主体的单一性必然导致评价结果的片面性。最后，评价的标准也由学校单方面制定，无法满足各个幼儿园对人才质量的不同需求。

（六）整体评价机制过于单一，人才培养质量难以保证

学前教育专业人才培养的评价标准单一且片面。在教学效果和学生评价方面，高校停留在"一刀切"的量化评价阶段，不能有效地反映学生的学习水平和操作能力，许多高校还没有从根本上摒弃知识化、分数化的人才评价标准，学生考试基本上是知识化的内容、标准化的答案、分数化的成绩，高分低能学生普遍存在。高质量的学前教育专业人才是我国学前教育发展的保障。改进人才评价方式，提高人才培养质量是学前教育专业必须解决的问题。

二、解决决策

（一）使人才培养目标向"应用型""技能型"转变

教育的本质是一种培养人的社会实践活动。这一活动过程始终具有复杂性、

变化性与不确定性，永远面临着"发生、发现与践行的问题"。

我国地方高校的转型发展正符合了教育的本质，在这样的发展过程中，学前教育专业作为高校中职业特征明显、应用性较强的专业也就必须遵循教育的本质，改变以往以"知识型""研究型"为主的人才培养目标，以新的职业教育方向为主导，致力培养社会、学前教育机构真正需要的应用型、技能型、创新型人才。这样，高校培养出来的学前教育专业人才就不再是"做不了科研，干不成一线"的就业难的人员，而是有意识、有能力、有责任、有方法的，幼儿园欢迎的一线人才。

（二）开展三位一体的"两个热爱"的教育

怎样才能让对幼儿教育一无所知的学前教育专业学生开始热爱自己即将从事的职业，热爱自己的教育对象？这不仅是高校需要解决的问题，也是家庭和社会义不容辞的责任。所以，高校应该充分调动起家庭和社会资源，共同帮助学生打好"两个热爱"的良好师德基础。

首先，高校必须在学前教育专业学生入学之初就要认真做好入学教育，让学生认识并理解自己以后要从事一个什么样的职业。同时，高校还要通过课程或讲座向学生阐述学前教育的意义，让学生明白他们不是简单的"孩子王"，他们身上同样担负实现"中国梦"的重责；教育学生只有尊重、平等地对待儿童才是真正地爱他们。其次，父母对社会的认识和就业观念对当代大学生的就业选择起到很大的作用，有时甚至是决定性的。所以，高校应该尽早召开家长会，做好家长的思想工作，要求家长做到：结合国家就业形势，让孩子认识到当前就业的严峻性，鼓励孩子将来要及时就业，还要教育子女将来找工作时既要考虑个人的就业愿望，又要考虑国家的号召和需要，强调奉献精神。高校也应向家长说明学前教育的专业特点、专业内容、专业要求，让家长明白子女将要从事职业的具体内容和应该具备哪些素养。这样家长才能更加有效地配合学校。最后，我国必须重视运用"社会"这个大舞台培养学生对职业的"爱与责任"。高校可以联合周边社区开展敬老助残活动、让学生到幼儿进行园义演或给小朋友讲故事、组织学生参观访问偏远落后地区的幼儿园及一些特殊教育学校、请一些民办幼儿园的园长做办园方面的讲座等。丰富的社会实践活动可以帮助学生更好地认识到当代大学生肩负的责任，培养学生对社会的奉献精神，同时帮助其进一步了解幼儿、了解幼儿园、了解自己即将从事的职业。

（三）紧跟社会发展优化课程设置

随着社会的发展，我国对学前教育专业人才的需求数量越来越大，范围越来越广，种类越来越丰富。虽然幼儿园一线教师依然是第一刚需，但亲子园教师、育婴师、婴幼儿营养师、幼儿感统训练辅导师、学前儿童心理咨询师、幼儿节目主持、幼儿家庭教育指导教师等一系列岗位都将是学生拓展就业领域的新方向。从幼儿园角度看，现在各种特色园不断涌现出来，对人才的要求也开始在必需的职业素养基础上呈现多元化。因此，高校必须在有限的学时中拓展和整合学前教育专业的各门课程，不仅要增加大量与学前教育专业密切相关的选修课程，鼓励学生挖掘更多的就业渠道，还要尽快科学地整合各门教法指导课程和各类专业技能课程，合并重复内容，强化各科的通识知识，尝试用一门综合课程代替几门分科课程，例如：用"幼儿园活动设计与指导"课程来代替六门教法课程；用"幼儿园音乐技能"课程代替钢琴和声乐课程。

（四）改革传统教学模式，发挥实训有效作用

高校只要尽力做好以下三点，就能很好地改革以教师教授为主的传统课堂模式，大幅度提升实训的效果。第一，充分利用好所有实训资源。学校要专门组织教师学习与教研，以开发有效的实训资源使用方法；第二，搭建好学校与幼儿园共同发展的桥梁，发挥好高校对幼儿园发展的引领与支持作用，为学生实训创造环境条件；第三，采用学校、幼儿园"双导师制"，不仅让学生在幼儿园实训期间有师傅引领，同时学校也要分派专业教师指导实训，帮助学生做好理论与实践之间的衔接。

（五）采用多元化的评价方式，提高人才培养质量

1.人才评价形式丰富化

学前教育专业人才的评价应将专业知识考核、专业素质考察、专业技能展示、实训活动表现等多种评价方式有机整合起来，面向用人单位合理设置评价中各类指标的比例，采用笔试、面试、展示作品、实践总结、第三方问卷调查、学术答辩等多种方式进行全面评价，并不断运用评价结果指导培养过程的改进。

2.人才评价标准层次化

社会职业发展的多元化、精细化必然要求人才发展也呈现出一样的趋势，

所以评价标准也应该层次化。人才评价应在满足基本职业要求的基础上，可以按照不同能力范畴与层次来进行。例如，在各项技能都达到幼儿园最低要求标准的情况下，高校应允许学生根据自己的兴趣和优势智能选择其中一到两项继续提升。这样，在毕业时，每人的特长就会不一样。在评价他们的特长时，可以将之分为不同类别、不同等级。评价的分层必然会提高评价的细致化程度，从而提升评价的全面性与客观性。

3. 人才评价主体多元化

高校自身不仅可以作为学前教育专业学生培养质量评价的主体，也可以聘请学前教育专家运用相关量表进行测评；也可由用人机构通过实习期的考核进行评价；也可由家长通过学生的成长问卷进行评价；也可由实习园所的幼儿、幼儿家长通过谈话进行评价；还可以由学生在校期间进行社会实践的场所给出相关评价。评价主体的多元化必然引起评价标准、评价角度的差异性，这些差异性的体现与整合能帮助高校更好地看到人才培养中的问题，可以及时改进。

第三节　高校学前教育专业人才培养的创新研究

一、能力本位教育理念下的高校学前教育专业人才培养研究

能力本位教育理念下的高校学前教育人才培养研究主要以能力标准作为人才培养的出发点和归宿，从教师、教学资源、学生三个层面探讨学前教育人才培养途径。在能力本位教育模式中，教师的主导地位是前提，优化教学资源是载体，学生的主体作用是关键。

（一）能力本位教育概述

能力本位教育作为一种教育思潮，源于两次世界大战的战时培训及战后对退役军人进行的转业培训。20 世纪 60 年代中期以后的美国，由于社会问题日趋增多，人们开始考虑通过教育来消除社会上的一些不良现象。在校青少年的教育问题备受关注，于是对军人培训的模式被应用到教师培训中。这样，以培养教师能力为中心的师范教育改革便在全美各地发展起来。可见，能力本位教

育的发展是与能力本位教师培训联系在一起的，其实践模式形成于20世纪60年代美国的师资培训中。

20世纪80年代中后期至90年代初，能力本位教育以其独特的突出优点，引起了全世界范围的广泛关注和重视，并得到不断发展和完善。20世纪90年代初期，能力本位教育模式经加拿大引介传入我国，目前已成为世界职业教育改革与发展的导向。

从心理学的角度看，能力是直接影响活动效率，并使活动顺利完成的个性心理特征。能力总和完成一定的工作任务联系在一起，是一个人完成一项任务所体现出来的素质。素质是能力内化的根本，能力是素质外化的体现。

能力本位教育就是以能力标准作为教育的出发点和归宿。能力标准是在职业分析（也被称为工作分析、岗位分析、任务分析等）的基础上，按照某一职业的工作岗位的实际操作标准，对达到标准所必需的知识、态度、技能及其水平等相关信息所做的明确说明。

"以工作分析为出发点"是能力本位教育的关键特征之一。工作分析是指通过系统的收集、分析、整合与某一职业领域内某一工作岗位相关的信息，进行科学、系统的描述，进而形成规范化的文件的过程。工作分析最终形成的两个文件分别是工作描述和工作规范。工作描述包括工作任务、职责、环境、程序以及与其他工作的关系等与工作本身有关的信息；工作规范则说明对任职者的要求，包括知识、技能、教育背景、工作经验、个性特征以及体能等方面。

学前教育专业人才培养既要体现职业性，又要体现师范性，必须坚持以能力为本位，即以学前教育工作岗位所需的工作能力的培养为中心，提高学前教育专业学生将所学的学前教育理论知识运用到实际工作场景中去的能力。

（二）能力本位教育理念下学前教育人才培养途径

1. 以教师为主导

（1）角色定位应清晰，应全程体现能力本位教学理念

教师必须转变观念，应由以传统的知识传授为主转变成以培养学生的能力为主，在教学设计、教学实施、教学评价等过程中构建"能力本位"的教学理念。

首先，高校教师是整个教学活动的设计者。能力培养是教学设计的核

心内容。在整个教学活动的设计中，必须以学前教育专业学生为主体，以发展学生的能力为主线，培养学生根据实际的场景灵活应用所学知识的应用能力。

高校教师应以职业或岗位所从事的工作内容、达到的从业能力要求为基础，确定教学目标；以模块教学为依托，使教学情境设计多元化，在教学活动中，促进学生自主学习、合作学习、相互交流、共同提高；应使教学策略科学化，创设不同的教学情境，创造性地开展教学活动，以提高学生分析问题、解决问题的实际能力。

其次，高校教师是教学活动的组织者和管理者。在整个教学活动中，教师要以指导者、引导者和合作者的身份，创设问题情境，激发学生的学习兴趣，引导学生进行自主学习，共同提高。要注意的是，让学生自主学习并不等同于放任学生，而是要在学生碰到困难时及时给予帮助和支持，促进学生的知识建构和技能提升。

最后，教学评价要多元化。高校教师应注重在真实情景中对学生的实际运用知识的操作能力进行评价。在教学评价上，应采取学生自评、互评和教师评价相互结合的方式，对学生的认知能力、技能、态度等进行综合测评，既要评价教学过程，又要评价教学结果。

（2）教学方法应灵活，促进学生能力提升

按照学前教育职业岗位的要求，可将学生的能力分为一般能力和关键能力。其中，一般能力包括认知能力（包括思维能力、想象能力、创造力等）和情绪情感能力（包括心理健康、个性品质等）；关键能力即知识的迁移能力（包括在新异情境中运用知识和技能的能力，如何在新的具体情境中去分析问题和解决问题的能力等）。归根结底，学前教育岗位要求的能力就是运用学前教育理论知识，组织幼儿一日活动的保教能力。

高校教师所采用的教学策略要体现学生的特点。教师在选择教学方法时灵活、科学，使各种教法优势互补，以实现学前教育专业人才培养目标。常用的教学方法有以下几种。

①案例教学法。心理学家柯瓦斯基认为：案例教学法是一种以案例为基础进行研讨的教学方法；它除了可以用来传授资讯、概念以及理论外，也可以用于训练学生的推理能力和解决问题的技巧。郑金洲教授认为：从广义上讲，案例教学法可被界定为教师通过对一个具体教育情境的描述，引导学生对这些特

殊情境进行讨论的一种教学方法；在一定意义上它是与讲授法相对的。可见，案例教学法就是指教师通过典型的、有代表性的案例，创设问题情境，引导学生主动参与，相互讨论，积极探索，寻求解决问题的不同思路和方法，培养学生对于实际问题的领悟能力和解决问题的能力。

抽象的学前教育理论知识一般比较枯燥。学生对于这些理论知识的学习兴趣不浓。因此，教师可以挑选能够说明这部分知识的案例，让学生在真实的情境中分析、讨论，促使学生当场运用理论知识，进而巩固所学的理论知识，不断提高其综合能力。

案例教学中的一些经典案例反映了教师在面对幼儿园内各种问题情境时，存在的多种解决问题的可能取向，以及最终的解决办法等。分析案例的过程就是引导学生养成思考问题习惯的过程。这些思维习惯有利于学生思维能力、领悟能力和解决实际问题能力的培养。案例讨论的过程就是锻炼学生的讨论、沟通技巧的过程，是其综合能力得到提升的过程。

案例教学中的案例形象、生动，能够激发学生的求知欲。值得注意的是案例教学法绝非教师仅用案例而不加以分析、讨论，而是融案例分析、讨论于一体的一张方法，一般花费的时间较长。因此，教师应根据教学实际进行选择应用。

②任务驱动法。任务驱动法，就是将教学目标分解成一个个具体的小任务，教学活动始终围绕任务进行的一种方法。教师的主要任务是以学生为主体，引导、辅助、促进学生自主学习、合作学习，与学生共同应对学生学习过程中遇到的难点和问题，并在积极探索解决问题的策略过程中相互协作，完成教学任务，最后借助总结、评价反馈学生的学习成果。在此过程中，学生的思维能力、语言表达能力、沟通交流协作能力、创造力、综合能力等都得到了良好发展。

③情境教学法。情境教学法就是指教师从教学需要出发，创设与教学内容相关的容易让学生理解和体验的情境，以激发学生的兴趣，提高学生认知活动的主动性，引导学生运用所学的理论知识来进行分析、思考，从而达到教学目标的一种方法。

在情境教学中，一个个问题情境就是一个个具体真实的教育实践例子。这样可以缩短学生面对同样问题时知识、能力迁移的时间，能有效地促进学生问题解决思路的迁移。情境能激发学生的思维，促进学生借助认知结构中已有的知识、经验实现"同化"和"顺应"，探索获得新知识。

④微格教学法。又称微型教学法，是指学生通过自己实际进行教学而获得丰富的经验的一种方法。该方法以少数学生为对象，在较短时间（5～20分钟）内，让学生尝试进行小型的课堂教学，并对学生的教学过程进行录音或把教学过程摄制成录像，师生在课后再进行分析以不断改善教学方案；然后，再换另外一批教学对象，再次进行微型教学，再次进行录音或录像，分析第二次微型教学的情况，师生共同进行更为深入的分析、研讨，以不断提高学生的教学技能。

学生在实习或模拟教学训练时，采用微格教学的方法，能及时强化正确行为，纠正错误行为，能有效提升教学能力。

（3）彰显人格魅力，发挥隐性育人功能

教师要充分发挥自身隐性育人功能，以自己独特的人格魅力感染学生，以极大的工作热情投入教育教学实践中去。教师的学科专业知识应丰富、基本功应扎实、教学应变能力应较强、个性品质应优良，另外，教师应对学生的发展报以真诚的期望和信任，提高学生的自我效能感，从而实现罗森塔尔效应。教师只有自己为学生树立了好榜样，教师的一言一行才会被学生不自觉地模仿，自身的隐性育人功能才能充分发挥出来。

2. 优化教学资源

（1）加强多功能实训室建设，强化实践教学

《关于全面提高高等职业教育教学质量的若干意见》明确指出，"加强实训、实习基地建设是高等职业院校改善办学条件、彰显办学特色、提高教学质量的重点"，高等职业院校"要紧密联系行业企业，厂校合作，不断改进实习、实训基地条件"……

实践教学是提高人才培养质量的关键环节，也是学生能力提升的重要环节。校内实训室是提高学生教育实践教学水平的重要载体。校内实训室的建设要符合学前教育专业实践教学发展的特点，突出职业性、实用性，强调真实性、功能的多样性。校内实训室的建设要符合下列条件：①要满足学生艺体技能训练、实训学习的要求；②能够体现教育理论实践一体化，提高校内实训室的利用率；③能够缩短学生工作的适应期，真正实现"零距离"就业。

高校应加强对各种艺体技能的训练室、多功能表演厅等的建设和管理，强化理论实训模块（如幼儿园教育活动设计与指导、五大领域教学法等）和艺体技能模块（如音乐、舞蹈、体操、美术等）的教学，将理论知识教学与技能训练有机地结合起来，提高学生感性认识水平，使学生获得职业经验，促进学生职业能力和职业素质的提升，提高学生实践技能水平。

陶行知先生指出："教的法子根据学的法子，学的法子根据做的法子。事怎样做便怎样学，教与学都以做为中心。"这段话充分体现了"教学做合一"的教育理念。强化实践教学环节可以体现理论与实践、学与做（训练）的高度统一。

通过模拟教学、实训教学，学前教育专业学生能以一名"准教师"的身份感受到真实的工作氛围、环境，各方面的能力得到了锻炼。

（2）强化实训基地建设，健全"校""园"全方位管理机制

高校应根据学前教育专业人才培养目标，建立一系列规章制度，如实训基地管理规章制度、实训指导教师管理制度、实训基地学生工作守则、见习实习学生安全管理制度等，明确岗位职责、工作标准，促使见习实习教学管理规范化、制度化、科学化。

另外，高校学前教育专业教师的理论指导应与幼儿教师的实践教学充分结合起来，实现"零距离"对接。高校学前教育专业教师应和幼儿教师共同参与、共同管理，促进学生思想素质、职业能力不断提高。高校的学前教育专业教师是学生见习、实习的引导者和管理者；幼儿园教师是指导者，二者共同负责学生在幼儿园的学习、工作情况，对学生的见习、实习进行综合评定，对整个过程实行全程监控，构建全方位管理模式。

（3）搭建平台，构建"校""园"合作的长效机制

当前幼儿教师的科研能力明显不强。曾有幼儿园负责人说过，在评选示范园的过程中，有的幼儿园因科研水平不高而对示范园的评选产生了一定的阻碍作用。高校可以充分发挥科研能力较强的优势，指导或者参与幼儿园的有关科研工作，与幼儿园共同探讨学前教育教学、发展等一系列的问题；或者为幼儿教师进行短期培训，提高幼儿园在职教师的理论水平；或者为幼儿教师举办专题知识讲座，如"如何对待教师职业倦怠现象、促进教师心身健康"等心理方面的知识讲座。以进一步加强"校""园"深度合作，真正实现"校""园"双赢，共同促进学前教育事业的发展。

3.学生应充分发挥主体作用

（1）转变观念，增强自主构建知识的意识

在知识经济时代，能力是关键。一个人如果将知识存储在头脑里，而不将之用于实践，知识仅仅是一种知识。只有在实践中去运用、转化知识，使它在现实中真正发挥作用，即运用知识解决工作中的具体实际问题时，才能将知识转化成能力。

建构主义理论在20世纪80年代兴起。由于信息技术对教育提出了挑战，传统的学习理论和教学理论无法适应新的要求，于是教育技术界的学者们重新兴起了建构主义的理论思潮，并根据信息技术的要求，注入了新的事物。因此，建构主义理论在课程改革、科学和数学教育、教师教育、教育技术、教学研究中占据着主导地位。

建构主义理论不是一种学习理论，而是众多理论观点的统称。建构主义思想的核心主旨：知识是在主客体相互作用的活动之中建构起来的，揭示了学习者在学习过程中的积极性和主动性。知识是需要在批判和创造的过程中不断完善的。这也就意味着，学习并不只是知识由外到内简单的转移和传递的过程，更是学习者通过新的学习活动与自身原有的知识经验之间的相互作用，来充实、积累自己的知识经验，主动建构知识体系的过程。因此，学生必须以建构主义思想为宗旨，转变观念，在学习过程中，由原来的"要我学"变成"我要学"。

（2）加强自主学习，提高自身的职业能力

学校的教学过程是一个"教"与"学"的双向过程。教师为主导，学生为主体，教师是外因，学生是内因，外因必须通过内因而起作用。学生不仅是知识的主动建构者，也是教学活动的积极参与者，而且是实践者。

波兰尼指出：人类的知识有两种。通常被描述为知识的，即以书面文字、图表和数学公式加以表述的知识只是一种类型的知识；而未被表述的知识，像我们在做某事的过程中所获得的知识，是另一种知识。前者是明确知识、显性知识，也称明言知识，而后者则被称为默会知识或非明言知识。默会知识是潜藏在实践活动中的，具有情境性的、个别化的特点，要求个体不断努力、不断探索，在实践中去获得。

学生在理论知识建构和技能提升的过程中，必须不断探索、反复训练才能获得知识。

建构主义理论认为，知识的获得是个人与他人的交流、探讨、磋商后而形成的一种有意义的社会性建构的过程。因此，学生必须积极参加第二课堂（如参加各种社团、协会、各种技能比赛等）和社会实践活动，在不同情境中理解、运用所学的知识，提高分析问题、解决问题的能力；利用已有的知识和经验解决新的问题，提升自己的迁移能力；在实践中锻炼自己的沟通能力、合作能力、组织能力、管理能力等，进一步促进自身的社会化，提高社会适应力，从而缩短进入职业岗位的工作期。

二、大数据背景下学前教育专业人才培养

随着人们生活的方方面面被大数据技术解构和重建，标签化、智慧化、融合化已经成为所有领域都不得不正视的发展趋势。学前教育是基础教育的重要组成部分，对于人的启蒙与成长有着极为重要的意义，因为它既涵盖幼儿园、托儿所的教育内容，也包括与幼儿成长相关的所有启蒙性、成长性的教育保障服务体系。从社会教学实践来看，学前教育专业人才培养存在极大的滞后性，具体表现为数据思维滞后、信息能力较弱、培养体系不够完善、专业实践能力不强等。笔者从学前教育专业人才培养融合大数据的意义入手，结合现存的主要问题，从宣传教育、数据融合、校"园"结合、专业实践等视角研究设计相应的策略，力求推动相关领域的发展。

2012年，全球知名咨询公司麦肯锡首次提出大数据时代的概念，认为数据已经成为所有行业及领域的重要支撑体系；通过对数据的使用及挖掘，越来越多的行业融入其中，并不断提升其生存及发展能力。文章《大数据下中国学前教育行业体系化发展》中指出，大数据是"互联网＋"的拓展与延伸，"互联网＋"代表着领域横向的发展，而大数据则是行业纵向的融合与拓展。从这个意义上来看，这两者虽然有着各自存在的意义，但在本质上都是时代发展的重要特征。随着幼儿教育市场需求的与日俱增，社会对于学前教育专业人才的需求量也越来越大，并对相关人员的综合素质及创造力等方面提出了较高的要求。

（一）学前教育专业人才培养融合大数据的重要意义

在学前教育专业人才培养中，大数据不仅仅是背景，更是模式、工具、载体、方法的创新与延伸。我们只有真正使其与学前教育专业人才培养相融合，才能够找到其应用的意义与价值。

1. 有利于优化学前教育专业人才结构

实践证明,大数据的融合与使用能够提升学前教育专业人才培养的定量分析能力。通过大数据融合,高校可以轻易地发现市场供需之间的差距及不足,从而有意识地进行倾斜性培养。另外,通过数据分析,还可以找到教师队伍的综合素质与实际需求存在的差距,例如,可以发现哪些专业人才市场需求量最大,缺口比例是多少,现有的社会培训能力如何等。由此,依托大数据可以更好地优化学前教育专业人才结构,促进供需关系均衡化发展。

2. 有利于提升学前教育专业人才的专业化水平

以往我国对于学前教育专业人才的评价大多都基于各种考核与测试。但传统的评测标准存在极大的滞后性。无论是笔试还是实践操作,其成绩都是由人的主观判断做出的。评价标准的差异性必然导致专业建设的差异性。但数据化考核机制形成后,一支舞蹈会被细化分解成多个采分点,达到考核要求就加分,否则就减分;笔试中标准答案部分可以交由答题卡系统直接打分,部分发挥题可以由考官进行判断。由此,人机结合模式增加了数据分析比例,提升了定性分析与定量分析融合的效果,从而极大地提升了学前教育专业人才培养的专业化水平。

3. 有利于创新学前教育专业人才培养体系

创新是教育领域永恒的话题,学前教育专业人才培养也必须要始终围绕创新去实践。但由于我国学前教育专业人才培养实施相对较早,大量的实践探索都已经完成,教学方法、内容、模式、评价、反馈等基本都已经固化。而大数据的出现为学前教育专业人才培养体系带来"横向联合,纵向探索"的机会,由此,使所有教育资源被共享,使不同区域的学前教育专业人才培养主体发现自身存在的差距,从而提升他们参与创新的积极性、主动性,并推动整个学前教育专业人才培养体系的创新发展。

(二)大数据背景下学前教育专业人才培养中存在的主要问题

当前,轰轰烈烈的大数据时代已经来临,但由于学前教育专业的教学对象相对稳定,很多教师都缺乏专业成长的动力,导致人才培养本身缺乏驱动力。具体表现如下。

1.高校数据思维相对滞后

从学前教育专业培养体系来看，高校还存在数据思维滞后的问题。正所谓："思想是行为的先导。"人才培养体系指导思想的差异必然会导致人才培养实践不足。相关调查数据显示：76.5%的学前教育专业人才培养及继续培养机构仍然没有很好地融合大数据优势，具体体现在市场需求分析、人才素质评判、教育内容选择及教育主体定位等方面，导致人才培养仍然停留在传统的模式上，无法达成优先发展的预期。

2.高校学前教育专业教师信息处理能力较弱

学前教育专业教师自身综合素质不足，对于外界信息处理能力相对较弱，因而忽视对大数据的吸收和使用。事实上，学龄前儿童的成长过程也是可以被数据化的，如学生感兴趣的内容、性格差异、成长需求、具体表现等这些带有主观评价成分的内容完全可以通过数据进行量化。但从实践情况来看，高校学前教育专业教师能够准确分析的不足15%。

3.高校学前教育专业教师培养体系不够完善

当前我国高校学前教育专业人才培养体系相对完备，基础设施、师资力量、教学体系等基本能满足人才培养需求，但在融合性、创新性、数据化上存在较大差距，导致高校学前教育专业教师本身缺乏大数据意识。由此可见，高校学前教育专业教师培养体系本身也应当提高应用大数据的教育实践能力。

4.高校学前教育专业教师专业实践能力不强

从学前教育专业培养内容来看，理论与实践比例约为3：2，但从教学实践来看，整体比例能够达到4：1。这说明教学实践内容设计不够合理。同时，高校学前教育专业教师在实践内容设置上也是比较随意的，存在"想当然"的现象，没有很好地依托大数据进行就业形势、市场需求、素质差异分析，因而很难找到实践与需求的结合点。

（三）大数据背景下学前教育专业人才培养的基本路径

1.加大宣传教育力度，提升学前教育专业人才的数据思维

我国应加大大数据应用特征及优势宣传力度，以使学前教育专业相关机构能够认识到培养学生大数据意识、使学生具备大数据分析处理能力的重要意义，不断拓展他们的大数据思维，让大数据成为学前教育专业人才培养体系的内核，

提升整个教育体系的创新性、融合性水平。对于高校学前教育专业人才而言，高校要帮助他们掌握大数据的使用方法，使之在具体的教学实践中学会使用数据分析手段，不断积累实践经验。

2. 构建数据融合体系，提高高校学前教育专业教师的信息选择使用能力

高校学前教育专业人才培养的目标是让学生能够进行创造性的工作。高校学前教育专业教师完全可以利用大数据，通过远程网络课堂、交流论坛、数据中心等，获取海量的信息资源，并从海量的信息当中找到自己需要的内容，而后利用网络课堂进行发问，使学前教育专业学生在不断解决问题中得以发展。

3. 推动校"园"结合发展，拓宽人才培养的渠道

实践不仅是检验真理的唯一标准，也是推动实践创新的重要手段。因此，高校在学前教育专业人才培养中，必须以各大幼儿园、托儿所、艺术中心等为教育主阵地，采取校"园"结合方式，提升理论向实践转化的速度与力度，不断拓展人才教育培养渠道。实践证明，依托大数据优势，学前教育专业人才培养可以与所有领域交叉融合，在创造力、创新性、数据化上谋求发展。

4. 增加专业实践比例，确保人才培养体系创新发展的效果

由于学前教育专业人才的实践性是综合素质的重要体现，因此，高校必须增加教学中专业实践内容的比例，从而加快理论向实践转化的进程，快速提升学生的综合素质。实践是指综合实践，不仅要体现学生的理论转化能力，还要体现其在具体工作问题的处理上，能够在教学过程中做到"见招拆招，游刃有余"。这才是教育的根本所在。

第四节　基于工匠精神的高校学前教育专业人才培养模式

"人才培养模式"是指在一定的教育理论、教育思想指导下，按照特定的培养目标和人才规格，以相对稳定的教学内容、课程体系、管理制度、评估方式，实施人才教育过程的总和。从广义上看，它涵盖了"培养什么样的人才"和"怎

样培养人才"这两部分内容；从狭义上看，它又包括培养目标、培养制度、课程体系、教学方法和评价形式等具体的教育要素。

根据上述概念，学前教育专业人才培养模式可以理解为在学前教育理论与思想的指导下，按照《幼儿园教师专业标准（试行）》所规定的标准，为满足地方学前教育发展实际需要，以科学合理的学前教育知识、技能为教学内容构建课程体系，运用有效的管理制度和评价方法，实施学前教育专业人才培养过程的总和。

教师是"传道授业解惑"之人，肩负着培养祖国下一代的伟大责任。为体现我国教育的先进性，立足教师工匠精神以提升其教育教学能力和思想道德素养，显然是非常有必要的。如今，培养教师的工匠精神已经成为助力其专业发展的重要基础和先决条件。据此，本节以学前教育专业人才培养为例，分析如何立足于工匠精神以助力学前教育专业学生的专业发展。

笔者认为，工匠精神包括教书育人、理想信念、道德情操以及求索之心四个方面，要培养学前教育专业人才的工匠精神，就必须立足于这四个方面，同时采取"多管齐下，多法并行"的方式。

一、教书育人——体现新时代学前教育专业人才的工作技能和经验

（一）加强学前教育专业学生的教育理论学习和培训

随着教育的不断发展，教育理论知识也在不断更新。在新时代下，学前教育专业学生，必须要始终掌握最先进的教育理论知识。只有这样，才能在教学之路上越走越远。学校要积极创设条件和搭建平台，鼓励学前教育专业学生积极参加校内外组织的教育理论学习和各类培训活动，以优化其教育理论知识结构，提升专业素养。

（二）积极开展支教性的交流合作活动

通过支教性的交流合作的方式，每位学前教育专业学生都有机会进入一个又一个新的教育环境中，接触一个又一个新的教育团队，面对并解决一个又一个新的教育问题，并在此过程中增强自己的教育本领。因此，各所高校要积极交流并积极开展支教性的交流合作活动，为学前教育专业学生提供更多实训机会。

（三）转变学前教育专业学生的教学理念

在新课改背景下，传统教育的不足之处在于没有重视学生的主体作用。所以，高校只有转变学前教育专业学生教学理念，使其树立"以学生为中心"的现代化教育理念，才能使其在教学过程中准确定位。因此，各所高校要积极组织教学专项研讨会议，让学前教育专业学生畅所欲言，在总结教育的不足之处的同时转变其教学理念。

二、理想信念——体现新时代学前教育专业人才的工作理念和信念

（一）加强宣传教育，弘扬党的精神

党的精神核心在于为人民服务、为人民谋福祉。而对学前教育专业人才来说，传承党的精神，贯彻落实科学发展观，是为学生服务、为学生谋未来的集中表现。为进一步增强学前教育专业人才工作的理念和信念，加强宣传党的精神教育工作是非常有必要的。

（二）加强思想教育，增强学前教育专业人才对教育事业的信念

学前教育专业人才对教育事业的信念主要体现在其能深入教学一线，以不怕苦、不怕累甚至是不怕牺牲的精神奋力夺取新时代下的教育胜利。无论是从教育整体发展情况来看，还是从学前教育专业人才个人职业发展情况来看，加强学前教育专业人才的思想教育工作，无疑是非常重要的。

（三）加强榜样教育，培养高校学前教育学生"爱岗敬业"的职业精神

究竟怎么样才算"爱岗敬业"？这是一个具体但又不容易描述的问题。最好的方法是通过加强榜样教育，为各位学前教育专业学生树立职业楷模，从而使其能明确自身的奋斗目标，并始终以昂扬的姿态和不服输的精神实现这个目标。

三、道德情操——体现新时代学前教育专业人才的工作素养和道德

（一）加强法律教育，强化学前教育专业学生的法律意识

教师作为传道授业解惑者，对学生的影响不可谓不深远。因此从学生发展的角度考虑，学前教育专业学生也必须要知法、懂法、守法、用法。因此，加强法律教育，强化学前教育专业学生的法律意识，是培养其道德情操的重要基础和必要前提。

（二）加强师德教育，培养学前教育专业学生对幼儿的爱心

学前教育专业学生对幼儿的爱心体现在两个方面：一是尊重、平等地对待每个幼儿；二是爱护每个幼儿。目前，幼儿教师体罚甚至虐待学生的事件给每位学前教育专业学生都敲响了警钟。每位学前教育专业学生都应该深入思考如何正确地尊重、爱护学生。

四、求索之心——体现新时代下学前教育专业人才的学习观念和方式

（一）建立"青蓝工程"的学前教育专业学生培训机制

"青蓝工程"的目的在于让学前教育专业学生传承和发扬老一辈教育工作者的教学精神，汲取其教学经验，同时让老一辈教育工作者了解并树立年轻一辈更加先进、前卫的教育思想。对两者来说，这都是提升自己、帮助他人的大好机会。这无疑是有助于建立一支双赢共进的学前教育专业人才团队的。

（二）不断提高教育要求，敦促学前教育专业人才不断求索

只有不断提高教育要求，才能让学前教育人才始终感受到"危机感"，才能促使其不断求索。我国教育事业正处在飞速发展阶段，教育要求始终在变，学前教育专业人才的求索之路也将越走越远。

（三）坚持"鼓励与支撑两条腿走路"，培养学前教育专业学生的创新精神

现代化高素质的学前教育专业人才一定要具备创新精神。而要培养学前教

育专业学生的创新精神，就必须要坚持"鼓励与支撑两条腿走路"，即通过物质、精神奖励的方式增强学前教育专业学生的创新信心，利用政策、资源上的支持拓宽学前教育专业学生的创新之路。

综上所述，基于工匠精神，培养学前教育专业学生的教学能力、职业道德素养、政治素养和学习观念是提升学前教育专业学生综合素养的有效的措施。随着新课改的不断推进，社会对学前教育专业人才的专业化要求也越来越高。高校需要不断探究出更多更好的学前教育专业人才培养策略，以助力学前教育专业发展。

第五节　全实践教育理念下的高校学前教育专业人才培养模式

伴随着我国科技的飞速发展以及社会的稳定进步，进入城市的人口也越来越多，城镇化现象越来越明显。学前教育是人们接受教育的基础，受到了来自社会的高度重视，特别是在《国家中长期教育改革和发展规划纲要（2010—2020 年）》颁布实施以后，学前教育得到了前所未有的关注，同时也得到了一个前所未有的发展机会。学前教育专业发展也面临着两大问题：第一个问题是幼教工作者的社会地位比较低，收入也不稳定，他们对自己的职业认同感也不强，人员流动速度太快；第二个问题是幼教工作者在入职前培训的时候具有急功近利性，而入职以后又缺乏相应的可以提高自身综合素质的培训制度，导致学前教育专业发展缓慢，在一定程度上影响了学前教育专业的教学质量。因此，学前教育专业人才培养的改革工作也势在必行。

一、目前我国学前教育专业人才培养模式存在的问题

人才培养模式就是在教育理念的指导下，完成既定的培养目标的一个体系，其中包括人才培养的教育理念、目标、过程以及评价。教育理念是指在人才培养的过程中应该遵守的思想和原则，它规定了人才培养的性质以及未来的发展方向；人才培养目标明确地指出人才培养的方向以及人才培养的数量和质量；人才培养过程就是指为了实行教育理念和达到人才培养的目标而从事的一切教育活动；人才培养评价就是对整个教育活动进行的客观评估活动，可以判定人才培养模式是否成功。人才培养模式在很大程度上直接影响着人才培养的质量。

长久以来，我国的学校主要以学生分数作为考核学生质量的标准，在培养人才的过程中，对学生只进行知识的传授，而几乎没有培养学生其他的能力，从而导致很多学生的潜能以及创新能力没有得到充分发挥。因此现在的人才培养模式极需要被打破。

二、全实践教育理念下对学前教育专业人才培养模式的思考

各高校应该树立全实践的教育理念，然后将它渗透到学前教育的课程教学中，如专业基础课、专业必修课、社会实践课以及学期的实习课程等。全实践教育注重实践要素，并对该要素进行了全方位的扩展。全实践教育理念认为应该让学生在实践的过程当中发现问题和解决问题，并在实践过程中反思和总结。这体现了实践才是学习的核心内容，是学习的前提和归宿。

（一）改变现在学前教育专业人才培养模式的单一化

首先，各高校需要认识到在学前教育专业人才培养的过程中应以培养学生的综合素质和实践能力作为核心内容。我们都知道，在传统的人才培养过程中，学生在接受教育的过程当中，处于非常低的地位，教师很少关注到学生。教师在培养学生的过程当中，也受到应试教育模式的影响，把精力都放在如何让学生在短时间内掌握好课程所要求的知识上，比如，注重让学生养成听课记笔记、下课复习笔记、考试之前看笔记的习惯。而且受这种教育模式的影响，学生各方面的能力发展都会受到制约。学生变成了一个装着知识的容器，即使能够以优秀的成绩完成学业，但是各方面的能力都没得到培养。现在很多用人单位都反映，刚入职的员工缺乏对幼儿行为的观察能力，以及对幼儿心理发展的分析能力，同时也缺乏实践动手能力，另外，思考、总结、自学能力也都非常差。这就要求高校在培养学前教育专业人才的过程中坚持以"全实践"作为教育的主线，不管是在学生学习的过程中，还是在教学实践活动中，都要引导学生把理论和实践有效地结合起来，引导学生用自己学过的理论知识去解决实践教学中遇到的实际问题；此外，还要解决目前学前教育专业人才培养过程中存在功利色彩的问题，以及办学目光太短浅、没有考虑到长远发展的问题。虽然我国社会对学前教育专业人才的需求量非常大，高校扩大招生规模的做法也是无可厚非，但是高校应该树立良好的培养目标。在现在这个知识经济主导的社会中，创新性的人才才能保证知识经济的可持续发展，而且学前

教育又是基础教育的重中之重，所以，从事学前教育的工作人员除了自身应具有可持续发展的意识之外，还应该把全实践教育理念付诸行动、为幼儿的可持续发展提供有力的保障。这就要求高校在培养学前教育专业人才方面应该注重培养具有创新意识的人才，发展学前教育专业学生的创新能力，在学生学习的过程中培养学生创新意识，激发其创新潜能。教师在教学过程中，要以培养创新型人才作为教学目标，拓展他们的创新思维，引导他们自主学习和吸收课堂上的文化知识，并用已经掌握的知识来探索未知的问题；遵循"精炼课堂教学，强化实践教学，活化课外研学"的原则，促进学前教育专业人才培养的模式由传统的应试教育模式向培养创新型人才的全实践教育模式转变。

（二）更新教育理念，改革传统人才培养模式中落后的课程体系

长久以来，传统教育认为教学就是让学生积累知识的过程，因而在教学的过程中，只注重对学生知识的传授，对学生的评价也只看学生成绩的高低，因而忽视了对学生其他能力的培养。要改革这种人才培养模式中落后的课程体系，就需要更新教育理念，改革现在的教学课程设置、教学方法、教学内容等方面。

①转变传统教育理念，树立终身教育、素质教育、创新教育这样的新理念。人们传统思想中只要上了大学一辈子都不用愁的思想已经完全被这个知识经济时代的潮流湮没了。高校现在不仅需要向学生传授知识，还需要培养学生的学习能力。高校教师应注重培养学生的学习能力，而不应让学生成为一个装满知识的容器；要培养学生的综合素质，在教授学生知识以及培养其学习能力的同时还要教会他们为人处事。当今社会是一个知识经济主导的社会。只有不断更新知识，这个知识经济社会才能稳定地持续发展下去。高校应该把培养创新性人才作为学前教育人才的目标。

②重新构建一个完整的课程体系，把实践作为课程的主体。课程教学是学校对学生进行培养的一条重要途径。课程的结构在很大程度上影响着培养出来的学生的质量。学前教育专业面临新的发展趋势，亟须构建一个科学合理的课程制度，在培养学生专业知识的同时加强实践课程训练。实践课程就是让学生通过所掌握的理论知识来解决在现实社会中遇到的实际问题，增强了理论知识的实用性。

③创新教学方法和教学手段。从传统的教学方式角度来看，学生在学习的过程当中一直处于一个被动的地位，自主学习的能力逐渐退化，创新意识和能力也得不到培养和提高。高校教师应改变传统的教学模式，创新教学方法，采用理论和实践相结合的教学手段，引导学生在学习实践中将理论和实际联系起来，做到学以致用，从而全面提高学生的综合素质以及创新实践能力。

总之全实践教育理念下的学前教育专业人才培养模式的培养目标就是培养出拥有扎实的理论知识，综合素质高，专业技能强，以及具有创新能力和发展潜能的全能人才。这就要求高校摒弃传统的教育理念，树立全新的教育理念，将全实践教育理念渗透到学前教育专业教学过程的每一个环节中。

第六节　实用型学前教育专业人才培养

随着社会经济的迅速发展，企业和用人单位对人才的需求也发生了巨大的变化。因此，高校应根据社会发展的实际需求及时调整学前教育专业人才的培养目标，完善相应的课程体系和教学方法，处理好文化素养、理论以及实践教学之间的冲突，制订科学合理的人才培养计划，促进学前教育专业学生综合素质的全面发展，使其成为符合社会发展需要的实用型人才。

一、培养实用型学前教育专业人才的必要性

近几年来，学前教育受到社会各界的广泛重视，具有十分广阔的发展前景。在高等教育改革的背景下，学前教育专业也迎来了新的发展契机。面对企业和用人单位对人才提出的新要求，学前教育专业必须改变传统的教学模式，紧扣市场发展趋势以及实际工作岗位需求改革人才培养模式，否则培养出来的学前教育专业学生毕业后将会很难适应幼儿教学工作，在实际教学过程中会感到无从下手。

高校唯有不断创新学前教育人才培养模式，提高学生们的实践能力水平，在实训活动中使其感受到真实的工作氛围，锻炼他们的职业操作技能，才能使其毕业后尽快适应工作岗位，满足相关领域对实用型学前教育专业人才的需求。由此可见，培养实用型学前教育专业人才是顺应社会发展的必然要求。高校应

积极采取相应的措施改革当前的人才培养模式，建立实训基地，为我国社会经济发展做出贡献。

二、改革实用型学前教育专业人才培养模式的具体措施

（一）重视基础教学

学前教育专业肩负着培养未来人才的重任，对于国民素质的提升具有重要的意义。故与其他专业不同，学前教育专业发展对人才的综合素质有着相当高的要求。因此，高校不能过于注重培养学生的实践能力，而忽视基础理论和科学文化知识教学。改革实用型学前教育人才培养模式并不意味着要对原有教学模式全盘否定，而是要适当继承其优点并在此基础上构建以培养实用型人才为核心的新教学模式，促进学前教育专业人才综合素质的发展，使其能够更好更快地适应社会发展需求。

（二）提升专业核心能力

高校应围绕知识、技能、综合素质三个方面来制订学前教育专业的人才培养计划，既要重视基础理论知识教学，又要注重加强职业核心技能教学。学前教育专业学生应掌握的职业核心技能具体包括：能够独立指导幼儿的日常活动，根据教学主体灵活创编幼儿舞蹈并创设相应的教学情境等，同时还应具备基本的歌唱、跳舞、乐器演奏、绘画、写字等技能，能对幼儿的启蒙教育起到积极的引导作用。教学实践证明，职业核心技能教学能够显著提高学生的综合实践能力水平，并且为其自主学习提供明确的指导方向，有利于他们在今后的实践训练中有针对性地加强职业能力训练，促进自身综合素质的全面发展。

（三）建设实训基地

高校要想改革学前教育专业实用型人才培养模式，首先应对教学模式进行改革。联合学校、政府、企业等多方优势资源建立实训基地，不仅能为高校开展实践教学提供便利，方便统一管理、调动人员、实现学前教育资源共享等，还有利于促进高校与企业单位的合作发展，实现互利共赢。建设实训基地，采用校企联合的模式培养实用型学前教育专业人才，能够使学生毕业后迅速适应社会环境，更好地发挥个人价值。

综上所述，学前教育专业人才培养质量对于国民素质的提升以及国家民族

未来的发展具有十分重要的影响。因此，高校应以创新为改革驱动力改革实用型学前教育专业人才培养模式，加强学科建设、课程建设以及实践基地建设等方面的工作，全面提升学前教育专业的教学质量，从而为社会经济的发展培养出更多高素质的实用型人才。

第七节　高素质技能型学前教育人才培养

随着社会的不断发展，各种各样的人才都涌现了出来。高校在发掘人才的过程中也要考虑各种各样的因素，为培养出高素质、高技能的人才而努力。学前教育是人生中全部教育的重要部分，是教育的启蒙阶段，具有十分重大的价值和意义。所以，我国应重视学前教育专业人才的培养。为了培养出高素质、高技能的学前教育专业人才，高校就要改革以往的培养模式，而试着进行创新。

从近几年对学前教育专业人才的需求来看，我国缺少的是高素质、高技能型的创新型人才。相关的调查数据显示，有很多的学前教育专业学生毕业到幼儿园后都不能立即从事幼儿教育工作，一方面是因为他们并没有真正地了解幼儿，另一方面是因为他们对幼儿园的工作不是很了解，教学能力也比较弱。这就说明目前高校培养学前教育专业人才的方式和方法是不正确的，不能实现人才培养的目的。因此，学前教育专业人才的培养就要进行改革和创新，在不断的改革和创新的过程中探索创建培养学前教育专业人才的新模式。

一、学前教育专业人才培养模式的现实状况

目前，高校利用学前教育专业人才的培养模式培养出来的学前教育专业人才人大多数都不懂得怎样向幼儿园的学生传授自己所学的知识，可能自己的各个方面的知识都很渊博，但是就是不懂如何传授。还有一些学前教育专业人才的师范性不强，素质也不够高，不懂得给学生起好模范带头的作用。另外，因为现在的学前教育专业人才大多数都是年轻人，且都没有自己的孩子，所以都不会采用合适的方式在实际的情况中与孩子交流。学前教育专业人才在教学过程中的创新性也不够。自己之前所学的知识是跟不上时代发展的步伐的，往往不会对孩子采用新颖先进的教育方式。刚开始从事教学工作的学前教育专业人才往往不懂得活学活用。目前学前教育专业人才的培养模式不适

应新时期的发展现状。因此，对学前教育专业人才的培养模式进行改革不能马虎。

二、改革学前教育专业人才的培养模式的具体措施

高校应从各个方面对学前教育专业学生进行教育与管理，大到思想、道德方面，小到生活中的点点滴滴。

（一）提升学前教育专业学生的沟通能力

近年来，幼儿园教师虐童以及与孩子家长发生争执的问题不断出现。这些问题一方面说明幼儿教师的素质不高，另一方面也说明幼儿教师的沟通能力比较弱。

学生的家长都渴望孩子在幼儿园中，可以得到教师的关注和认可。所以幼儿教师就要经常与孩子的家长进行沟通。孩子在家的表现和在幼儿园的表现是不同的。这就要求幼儿教师和家长定期交换意见，以便更好地了解孩子。由于沟通能力是幼儿教师必备的基本能力之一，所以高校要注重提升学前教育专业学生的沟通能力。

（二）对学前教育专业学生的不同技能进行划分

以前，幼儿园教师的技能没有被划分。往往是一个教师带一个班，一个班的教师教一个班的课程。这种教学模式对于教师的技能要求不是很高。

技能的划分可以增强人才培养的专业性。正所谓："闻道有先后，术业有专攻。"学一项技能，就要把它学到最精。学前教育专业学生只有自己把知识学好，才能更好地把知识传递给孩子。

（三）培养学前教育专业学生的理论联系实际的能力

一般来说，刚从事幼教行业的教师都是很有激情的，但也很容易被现实中的挫折打败。刚开始从事教学工作的教师懂得的实践知识都不是很多，一般都会讲一些大道理而不会联系实际情况，处理一些问题来也不是很游刃有余，做不到面面俱到。高校应保证让学前教育专业学生做到不仅能把自己学到的知识教给幼儿，还能切合实际，把理论与实际结合起来，以提高自己的教学水平。

（四）培养学前教育专业学生的团队意识与奉献精神

一个教师和他所带的班级就是一个大的团队，共同组成一个大家庭。一个班集体优秀与否取决于最差的那个人。所以，只有大家应团结起来去帮助最差的人，才能让自己的班集体变得更加优秀。这就要求幼儿教师首先要有团队意识。另外，团队意识固然重要，但是奉献意识也同样重要。教师这个职业就是为人们服务的一个职业，教师如同一个默默无闻的园丁，也如一支燃烧的蜡烛，燃烧了自己，把光和亮带给个别人。一个教师只有懂得团结和奉献，才能称上是一个好的教师。所以，高校应重视培养学前教育专业学生的团队意识和风险精神。

第八节　供给侧改革背景下的高校学前教育专业 人才培养改革

一、新时期供给侧改革背景下的高校学前教育专业人才培养改革的必要性

近年来，毕业生就业难成为人们关注的焦点问题。但与此同时，许多企业却被招工难的问题所困扰。一边是人才过剩，一边是招不到人，两难并存。前者反映了需求不足，而后者则反映了劳动力供给不足。这表明了教育行业与产业之间供求的错位。

2015年，在中央财经领导小组第十一次会议上，习近平总书记强调，推进经济结构性改革，是贯彻落实党的十八届五中全会精神的一个重要举措；要牢固树立和贯彻落实创新、协调、绿色、开放、共享的发展理念，适应经济发展新常态，坚持稳中求进，坚持改革开放，在适度扩大总需求的同时，着力加强供给侧结构性改革，着力提高供给体系质量和效率，增强经济持续增长动力，推动我国社会生产力水平实现整体跃升。

供给侧改革是从供给、生产端入手，通过解放生产力、提升竞争力来促进经济发展。近年来，就业难和招工难并存的问题，实际上反映了作为供给侧的重要一环——教育，必须密切结合时代、产业需求，改革传统人才培养模式的问题。高校不仅要以使学生成功就业为目标，更要培养出具有更好职业发展潜力的人才。这样才能扩大有效供给，有效满足需求。

学前教育专业就业方向直指幼儿教育。幼儿是祖国的未来，发展幼儿教育对促进幼儿身心全面健康发展、提高国民整体素质具有重要意义。据统计，目前我国从事幼儿教育行业的教育工作者大部分毕业于高职院校。由此可以看出，高校学前教育专业是幼教行业的重要"供给侧"。在高校学前教育专业人才培养中，高校更要改革传统人才培养模式，培养出当前社会所需要的专业型、发展型幼教人才，确保学前教育专业的毕业生能更好地与幼教行业、企业、社会融合，以实现供给融合。

二、新时期供给侧改革背景下的高校学前教育专业人才培养改革策略

（一）重视利用职业能力分析

两难并存问题的主要原因在于供需的不对称。近年来，学前教育发展迅速，幼儿园教育模式更新较快，但高校的人才培养模式并没有更新，从而导致许多毕业生不能适应幼儿园的工作环境而选择离开，出现了许多新幼师流失的现象。同时，幼儿园对招聘的幼师质量也不满意。要培养适应时代发展、社会需要的人才，学校就必须了解现代社会对人才的要求，即职业能力需求或岗位能力需求，并在此基础上，进行供给侧结构性改革，包括改革办学理念、专业设置与建设、课程设置、实习实训、师资队伍建设等。

了解人才需求十分简单有效的方式就是职业能力分析。高校可以结合当地专业资源，成立专业指导委员会，让幼教行业专家、幼儿园园长共同探讨本地区的幼教岗位能力需求，并针对本地区的实际情况调整教学模式。例如，学校通过职业能力分析可以发现，现在幼儿园并不要求教师精通舞蹈、钢琴等技能，因为他们会聘请专门艺术专业的毕业生来负责相关课程的教学，这样，学校在专业艺术技能课程的设置上就可以减少时间和降低难度。同时，幼儿园更希望学生具备扎实"三学六法"的知识和技能，注意运用先进的教育模式，能熟练掌握节日课程、主题课程的教学设计方法。通过职业能力分析，高校在供需的源头——课程设置上，就能做出相对应的调整，按需培养适合社会需求的专业人才，使供需模式更为合理。

（二）积极实行订单式培养模式

"订单式培养"是当前教育部门借鉴企业"订单生产"概念而提出的一种

人才培养模式。所谓"订单式培养"，是指企业根据岗位需求与学校签订用人协议后，由校企双方共同选拔学生，共同确立培养目标，共同制订培养方案，共同组织开展教学等一系列教育教学活动的办学模式。此模式最先应用于电商、制造专业，如美的客服专班、格兰仕专班等，其优势在于能使学生提前与未来就业单位对接，直接学习未来所需的专业技能，让学生毕业后能无缝对接企业工作，不需要企业花费人力、物力再对学生进行培训。

近年来，学前教育不断发展，幼儿园课程地方化、特色化日益受到追捧，出现了"百花齐放"的发展态势，如蒙台梭利教育、瑞吉欧教育、华德福教育、综合主题课程等。如果实行订单式培养模式，在与目标幼儿园建立培养协议后，高校就可以针对该幼儿园的教学理念、课程模式进行订单式培养，使教学内容更系统、更有针对性。这样，学生毕业后也能迅速适应工作环境，从而实现供需的精准对接。

（三）创新教学模式

传统课程的教学模式多为"讲—练—创"，模式简单，限制了学生的创新想象力的发展。

对传统课堂的教学模式进行改革，就是把"讲—练—创"的教学模式转变为"创—练—讲"模式。前者是指教师先讲授知识点，学生再将知识点运用到作品中，从而达到融会贯通的学习效果，最后进行创新。而后者是指利用目标导向，教师先通过引导启发学生的创作思维，进而确定创作的主题和方向；然后，让学生动手操作，践行创作想法，并在练习的过程中思考完成作品需要的资源和能力。这样，在教师的指导下，学生化被动学习为主动学习，在创作练习的过程中主动发现问题、探究并解决问题，从而提高了学习兴趣以及发现问题、解决问题的能力，真正掌握并能够运用新知识。

这种"在做中学"的教学模式也与幼儿需要在操作中感受、理解新概念的认知模式相符。长期在此模式下学习的学生，会潜移默化地将此模式内化到自己的知识体系中，并在日后走向幼教岗位后能熟练运用，以实现高校学习与幼儿教学的顺利对接，减轻学生上岗教学的压力。

（四）"校""园"合作建设基地

产学合作的教育模式能充分利用学校、企业等多种不同教学环境和教学资源在人才培养方面的优势，把知识传授与经验获取有机结合起来，培养有理论知识、有经验、有创新能力的高端应用型人才。学校与幼儿园合作（简称"校"

"园"合作）是学前教育专业促进产学合作的重要途径之一，其形式多样，主要有优秀幼儿课例观摩、校外实习实训等。学校与幼儿园合作共建实习实训基地，不仅可以有效利用幼儿园的实训资源，而且可以促进学生对知识的理解、掌握。

教育实习是教学的必要环节之一，是贯彻理论联系实际原则的最佳途径。校内教学活动通常使用情景模拟方法进行教育实训，但由于预设场景缺乏真实性和随机性，难以模拟出幼儿园学生的真实反应，因此只能作为基础实训活动。而通过"校""园"合作，学生定期去幼儿园实习，将理论知识与实践结合起来，不仅巩固了理论知识，而且能更好地将理论知识转化为实际操作能力。①学生通过实习，锻炼了自己的实践能力，提升了自己的专业技能；②通过实习，学生还能切身体会到，作为一名幼儿教师不仅要有基本的专业知识，还要有耐心、细心、爱心和责任心；③学生通过实习，也能发现自己在专业能力方面的不足之处，回校后能够更积极地学习，从而提高专业能力。

简而言之，产学合作能充分利用本地区幼教资源。高校通过与幼儿园共建实习实训基地，为学生拓展实训平台，保证他们能够有充足的实习实践时间，从而增强学生的职业认同感、明确幼教职业道德的行为准则、提升教育教学能力，确保学前教育专业毕业生与行业、企业、社会有效融合，最终实现零距离就业上岗。

（五）积极开展专业展演活动

幼儿园汇报演出活动是幼儿园欢庆节日的重要形式之一。合理策划、组织、布置场地、排练节目、现场精准把控各项演出细节等，十分考验幼儿教育工作者的综合素质和能力。为提高学前教育专业学生的综合素质，高校可利用专业展演的方式，锻炼学生对展演组织、策划、管理等各方面能力，实现供需融合。

学前教育专业展演是指学生通过舞台汇报演出的形式，将一段时期内所学习到的内容，以节目的形式展示出来，是一种新型的教学方式。这不仅对培养和提高学生的专业能力具有重要的作用，而且能带动教学创新，检验和提升教学效果。因为学生在准备汇报的节目时，必定要巩固所学知识，在参与展演过程中，也能初步了解大型晚会的策划、组织、流程以及细节，实现能力锻炼与职业标准对接。除此之外，通过学生展演，教师也能充分认识到教学环节的不足之处以及学生技能方面的短板，将展演内容提炼转化为课程教学内容，并反映到教学过程中，丰富专业教学内涵。

学前教育专业展演为学生提供了展示自己的机会和舞台，为不同班级提供了观摩学习的机会，也为整个专业建设提供了改革创新的灵感。专业展演不仅将学生的被动学习转变为主动学习，提高了学生沟通合作能力和专业能力，使其能更好地适应幼教工作，而且对整个专业的建设也具有重要意义。

学前教育供给侧改革既是社会的要求，也是时代的要求，更是人才培养的要求。高校必须摒弃"闭门造车"的传统思想，打开校门，与行业、企业、社会积极对接，完善中高职学前教育人才培养模式，真正为社会培养出应用型人才，实现幼儿教育人才的有效供给。

参考文献

[1] 张振华. 浅析体育游戏在学前教育教学中的应用研究 [J]. 企业导报, 2014（17）.

[2] 曾庆莲. 浅析体育游戏在学前教育教学中的应用研究 [J]. 好家长, 2018（84）.

[3] 赵生. 中职学前教育专业体育游戏课项目教学的实施与研究 [J]. 求知导刊, 2018（9）.

[4] 李飞燕. 学前教育体育教学中情境游戏法的应用分析 [J]. 课程教育研究, 2017（32）.

[5] 毛淑娟. 民间传统儿童体育游戏教学在学前教育中的应用分析 [J]. 科技资讯, 2016（3）.

[6] 唐国策. 学前教育专业数码钢琴集体课合奏训练研究 [J]. 当代音乐, 2019（1）.

[7] 涂骅. 数码钢琴集体课在高职院校学前教育中的应用 [J]. 哈尔滨职业技术学院学报, 2018（6）.

[8] 陈元峰. 数码钢琴集体课在新疆高职院校学前教育专业中的发展现状分析 [J]. 新疆职业教育研究, 2014（1）.

[9] 米高慧. 高等师范院校学前教育专业数码钢琴课程分层教学模式研究 [J]. 长春教育学院学报, 2010（4）.

[10] 贾素宁, 冯永娜. 高职学前教育专业"教、学、做"一体化教学设计: 以"学前儿童卫生保健"课程为例 [J]. 潍坊工程职业学院学报, 2014（6）.

[11] 蔡慧琴. 研究性教学: 高职学前教育教学改革的新路径 [J]. 教育探索, 2009（9）.

[12] 周端云. 后现代主义视野下高职学前教育学教学改革 [J]. 湖南民族职业学院学报, 2012（4）.

[13] 谢春姣. 高职学前教育专业基于教育实践课程的建设研究 [J]. 教育现代化，2017（38）.

[15] 王亚楠. 合作学习在高职学前钢琴教学中的应用研究：以运城幼儿师范高等学校为例 [D]. 石家庄：河北师范大学，2018.